大学生理想职业之路

○ 主　编　张　锐
○ 副主编　金　波　潘　业

IDEAL CAREER PATHS FOR
COLLEGE STUDENTS

高等教育出版社·北京

内容提要

本书针对当代大学生就业创业的核心问题，全面阐述生涯规划与职业发展的理论与实务，引导学生明确企业和社会的人才需求导向，树立正确就业创业观念，掌握职业选择和能力提升的优化方法，通过紧密结合大学生活实际的决策实施，努力实现自己的职业理想。全书共2篇14章，内容包括职业发展导论、高级协同团队构建、学科知识能力结构优化、核心通用能力高效优化、企业职务能力高效优化、才艺能力快速特训、职业发展领域选择、高价值人脉网络构建、目标行业深度研究、企业求职专项准备、考研专项准备、公职单位求职专项准备、创业专项准备及留学专项准备。

本书可作为大学生就业与创业指导方面的教材，也可作为相关教育培训工作的参考图书与大学生的自学读物。

图书在版编目（CIP）数据

大学生理想职业之路 / 张锐主编 . -- 北京：高等教育出版社，2021.3

ISBN 978-7-04-055009-2

Ⅰ.①大… Ⅱ.①张… Ⅲ.①大学生 – 职业选择 – 高等学校 – 教材 Ⅳ.① G647.38

中国版本图书馆 CIP 数据核字（2020）第 171442 号

Daxuesheng Lixiang Zhiye Zhilu

| 策划编辑 | 李光跃 | 责任编辑 | 赵君怡 | 封面设计 | 张鹏伟 | 赵 阳 |
| 责任印制 | 韩 刚 | | | | | |

出版发行	高等教育出版社	网 址	http://www.hep.edu.cn
社 址	北京市西城区德外大街4号		http://www.hep.com.cn
邮政编码	100120	网上订购	http://www.hepmall.com.cn
印 刷	北京华联印刷有限公司		http://www.hepmall.com
开 本	787mm×1092mm 1/16		http://www.hepmall.cn
印 张	12.25		
字 数	210千字	版 次	2021年3月第1版
购书热线	010-58581118	印 次	2021年4月第2次印刷
咨询电话	400-810-0598	定 价	28.80元

本书如有缺页、倒页、脱页等质量问题，请到所购图书销售部门联系调换
版权所有 侵权必究
物 料 号 55009-00

本书顾问

（按姓氏拼音排序）

陈　玲	58英才校园招聘区域总监
侯晓宇	前程无忧校园招聘部北区校园总监
金摇光	中钢集团南京新材料研究院常务副院长
李　放	人民数据管理（北京）有限公司总裁助理、运营中心主任
李孝亮	乔布谷文化传媒有限公司新媒体中心总经理
刘东颖	我爱我家集团副总裁兼首席信息官，曾任世界五百强IBM全球认证资深首席顾问、IBM全球业务服务部副合伙人
马卯昕	瑞林股权投资管理（上海）有限公司合伙人
孟　广	完美数联（杭州）科技有限公司人才事业部业务总监，曾任智联招聘校园招聘负责人
孙　长	中国技术交易所副总经理
孙　凌	贝壳找房校园业务高级经理
孙　楠	北京中关村软件园发展有限责任公司人力资源部部长
王盛通	京东招聘雇主品牌负责人
王之川	中国成都人力资源服务产业园（成都人才园）运营总经理
温志远	猎聘校园CEO
吴建波	车库咖啡孵化器运营管理有限公司合伙人，车库咖啡投资管理有限公司总裁
邢　芳	拉勾市场副总裁
殷　辉	上海嘉熙投资有限公司董事长
于　震	中建二局人力资源部副总经理
曾　冬	广东三维家信息科技有限公司大客户中心总经理，曾任阿里巴巴（中国）网络技术有限公司中后台总经理、大区总经理
仲小玲	亚信科技控股有限公司招聘总监

主编寄语

  大学、职业与理想，是漫长人生路上的必然交集。如大地与树木，大海与帆船，既追求自由独立的灵魂成长，又需要精准导航的乘风破浪，方能顺利抵达灿烂彼岸。

  职业是人类通过创造社会价值来获取人生动力、实现美好理想的主体活动。而我们从小到大的一切学习与奋斗，都是为了培育创造社会价值的能力体系。因为这不仅是就业、创业和考研等个人全路径发展所需的最重要能力，也是实现新时代"两个一百年"奋斗目标及中华民族伟大复兴的核心能源。

  本书将帮助大学生在芬芳青春的流淌与飞扬间，大幅度提升综合素质与职业能力，让专业学习与职业发展协同融合，与伟大的新时代同向同行，以实现意义非凡的荣耀愿景。

  我坚信，任何大学生和青年朋友只要认真阅读和运用本书，定能开启自己最好的未来之路。在此，我想和读者们分享本书两个具有独特社会价值内涵的支点：

  一是本书基于超过5亿投资的职业发展深度研究项目，提炼了数以万计大学生超越平凡的精细历程；

  二是本书经过近百次提炼和升级的内容，已卓有成效地帮助了上百万大学生实现职业与学业的腾飞。

  无论世界如何风起云涌，我们只要坚守满怀激情之初心，坚持科学创新之奋斗，终将突破极限成为了不起的自己！

2021年2月

目录

第一篇　职业发展完备步骤

第1章　职业发展导论
- 3　　1.1　职业发展的核心原理
- 10　　1.2　职业发展关键步骤

第2章　高级协同团队构建
- 22　　2.1　团队协同成长规划
- 26　　2.2　"Best Day"团队适配项目

第3章　学科知识能力结构优化
- 28　　3.1　学科知识能力培育原理
- 30　　3.2　多元精要知识结构优化学习

第4章　核心通用能力高效优化
- 35　　4.1　核心通用能力培育原理
- 38　　4.2　语言表达能力优化特训
- 41　　4.3　人格魅力优化特训
- 53　　4.4　执行能力优化特训
- 56　　4.5　领导能力优化特训

第 5 章　企业职务能力高效优化

59	5.1	企业职务能力培育原理
61	5.2	行业与企业基本知识学习
61	5.3	行业与企业调研训练
63	5.4	产品与营销改进训练
65	5.5	品牌推广训练
66	5.6	营销实施训练

第 6 章　才艺能力快速特训

| 68 | 6.1 | 才艺能力培育原理 |
| 69 | 6.2 | 才艺能力特训项目 |

第 7 章　职业发展领域选择

77	7.1	学科专业与企业职能适配关系
78	7.2	全行业典型企业快速调研
80	7.3	调研结果共享与适配
81	7.4	最优职业领域锁定

第 8 章　高价值人脉网络构建

82	8.1	校友群体人脉资源网络
84	8.2	企业领域人脉资源网络
88	8.3	学术领域人脉资源网络

第9章 目标行业深度研究

- 90 · 9.1 行业深度研究信息项目
- 92 · 9.2 行业龙头与明星企业深度调研方案
- 95 · 9.3 深度调研报告的创作

第二篇 职业发展定向准备

第10章 企业求职专项准备

- 100 · 10.1 招聘信息的接收与处理
- 101 · 10.2 精确求职范围的锁定
- 102 · 10.3 求职能力与资历的强化
- 104 · 10.4 针对企业招聘考测模式的准备与训练
- 112 · 10.5 就业目标的选定

第11章 考研专项准备

- 113 · 11.1 考研专项准备综述
- 116 · 11.2 考研政策与全流程详解
- 121 · 11.3 考研初试全科备考精细规划
- 132 · 11.4 考研院校与专业选报决策
- 135 · 11.5 考研目标硕士点资源开发
- 137 · 11.6 考研优势学术资历获取
- 138 · 11.7 考研复试解析

第 12 章　公职单位求职专项准备

- 141　12.1　公职类考试的种类及基本考情
- 145　12.2　应届毕业生备考公职类考试的优势
- 147　12.3　适合公职类的路径发展的应届毕业生
- 150　12.4　应届毕业生如何备考公职类考试

第 13 章　创业专项准备

- 156　13.1　创业的本质原理、核心价值和主体过程
- 158　13.2　创业意识与精神强化
- 160　13.3　组建核心创业团队
- 161　13.4　商业模式设计
- 162　13.5　样本市场深度测试
- 162　13.6　商业模式的调整与优化
- 162　13.7　重点与薄弱职能强化
- 163　13.8　商业计划书的制作
- 165　13.9　创业项目融资
- 165　13.10　完备职能团队组建
- 166　13.11　创业项目启动实施

第 14 章　留学专项准备

- 168　14.1　留学相关政策
- 169　14.2　院校选择
- 171　14.3　语言考试准备
- 173　14.4　综合背景提升
- 174　14.5　申请文书准备
- 178　14.6　网申面试准备
- 179　14.7　补助申请
- 181　14.8　签证申请

第一篇

职业发展完备步骤

主编导学

第1章 职业发展导论

1.1 职业发展的核心原理

1.1.1 职业发展的最优路径

如果人生是一种追求成功与幸福的高级运动,大学则是深刻影响这一运动的特殊时空。我们在大学时光中,寻找心灵的梦想,探索通达梦想的航向,锤炼乘风远航的力量。而梦想、航向和力量,这些牵引与驱动人生的核心要素,都将在大学融合构造为贯穿一生的能源,给我们的人生发展赋予新的高度与速度。

职业与学业是人生的两个重要阶段。职业是人们为社会创造价值的活动,而学业则是培育价值创造能力的活动。大学之前,我们无偿消耗着家庭财富,为高考而拼搏。大学之后,我们就必须通过为社会创造价值,获得财富回报,去维持与优化生活。大学毕业时是人生使命与责任的重要起点,我们从此踏入创造价值的社会体系,凭借为社会创造价值的能力与成果,实现与之匹配的职业发展!

在教育价值链的最高端,大学联通了学业与职业。我们从小到大,一切学习的结果,都将在大学平台上训练转化为创造价值的能力,实现从消耗到创造的飞跃。虽然这次飞跃只是职业起点,但起点状态却极大地影响着未来的职业与人生,就像基因的影响,覆盖全生命周期。职业起点,也是学业终点。我们在这个临界点接受社会组织的评选。根据评选结果,我们将进入不同类型与规模的社会组织,从而开启不同效率与质量的职业和人生路径。

任何大学生,包括从高职生到博士研究生,根据他们选择毕业去向的分布显示,约88.86%的人进入企业,约3.14%的人进入政府与事业单位,约6.98%的人选择继续深造,还有约1.02%的人进入其他领域。考硕、考博深造的学生群体在研究生毕业时,仍将进入企业与政府部门。综合统计,大学生的职业归宿大约有96%的人进入企事业单位,约2.3%的人进入政府机构。

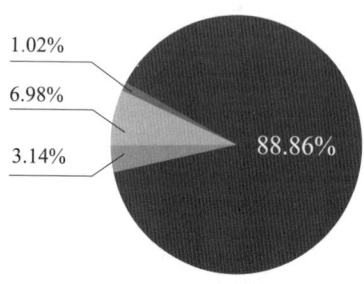

企业作为大学生最高概率的职业归宿，是我们创造与收获财富的主体平台，也是我们为梦想奋斗、追求成功与幸福的星辰大海。

大学生毕业去向分布

约 88.86% 进入企业

约 3.14% 进入政府与事业单位

约 6.98% 学历深造

约 1.02% 进入其他领域

1.1.2 企业选聘的实质规则

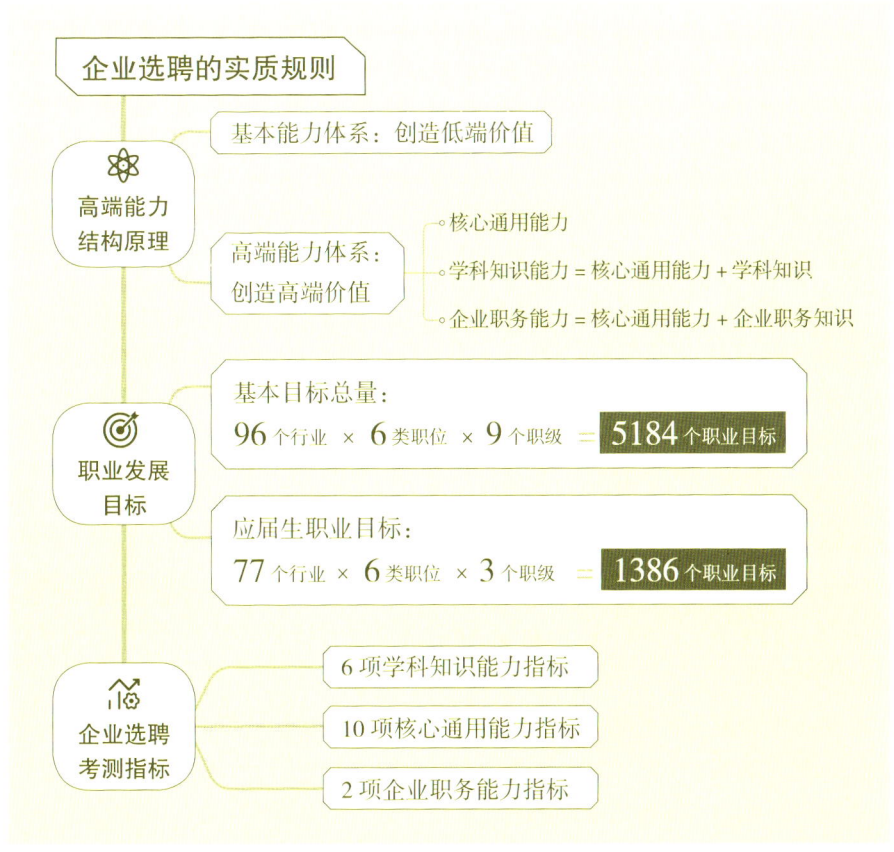

企业对大学生人才的选聘标准，不仅重要而且复杂，所以我们必须尽早启动有针对性的科学筹备。

企业都是基于能力评估进行人才选聘的。大学生只有提升自身能力以达到或超越企业选聘标准，才能获得基本或优秀的职业机会。所以，我们必须对企业所需能力的指标体系有着深度认知。

人类都是运用自身能力为社会创造价值，并按照一定比例获得价值回报。能力越强，收获物质与精神财富就越多。当价值的创造与回报越多，就越趋于成功与幸福。人类的能力体系按照创造社会价值量的高低，分为基本能力体系与高端能力体系两类。基本能力创造低端价值，高端能力创造高端价值。人一生创造社会价值的多少和个人发展的优劣，在很大程度上取决于高端能力的结构和强度。

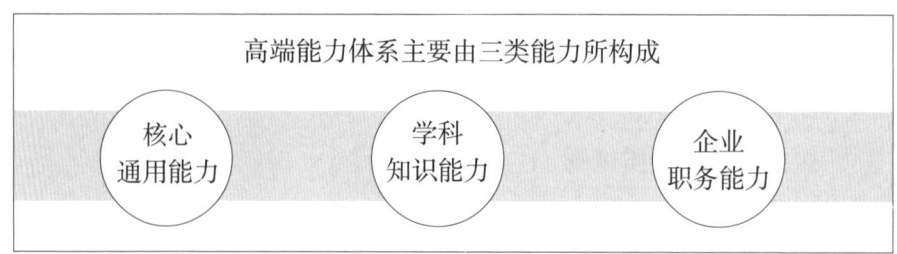

高端能力体系主要由三类能力所构成：核心通用能力、学科知识能力、企业职务能力。

核心通用能力，是通用于一切复杂任务的能力，无论是在政界、商界，还是在学术界发展，我们都必须具备通用能力，通用能力包括心理能力、思维能力、语言表达能力、人格魅力、执行能力与领导能力。高端能力体系的另外两类分支能力，实质是核心通用能力与两类知识的融合。

学科知识能力，是掌握与运用科学理论知识的能力。包括哲学、法学、经济学、管理学、理学、工学、教育学、历史学、文学、医学、农学、艺术学、军事学、交叉学科十四大学科门类以及上百个一、二级学科。例如，我们从小学的语文和数学，到大学的专业课学习，都对应学科知识能力，其实质是学科知识与核心通用能力的融合。

企业职务能力，是为企业各职能部门直接创造价值的能力。包括产品研发能力、生产服务能力、市场营销能力、资本财务能力、人力资源能力和综合行政能力，分别对应企业六大职能部门，其实质是企业职务知识与核心通用能力的融合。

一个人的三大类高端能力，交织构成了其职业发展的动力系统。高端能力结构与职业发展呈高度正相关，能力结构越优秀，职业发展越成功。

一个人职业发展的标准阶段是就业，高级阶段是创业。职业发展的可能目标貌似无限，其实有限。96%以上的大学生进入的企业界，是由96个行业所构成的社会财富创造系统。一个行业，就是生产同类产品的所有企业聚合而成的企业群。一个人无论是就业还是创业，他一定会进入96个行业之一。每一个行业的企业群都包含有产品研发、生产服务、市场营销、人力资源、资本财务、综合行政6类职能部门。而每一类职能部门的人员，从最低级的专员，到最高级的董事长，细分为多个职务级别。例如，华为有25个职级，百度有12个职级。但这些是大的企业，所有企业综合平均约有9个职务级别。即整个企业界有96类企业，每类企业有6类职能部门，每类职能部门又有9个级别。

1.1.3 高端能力的深层规律

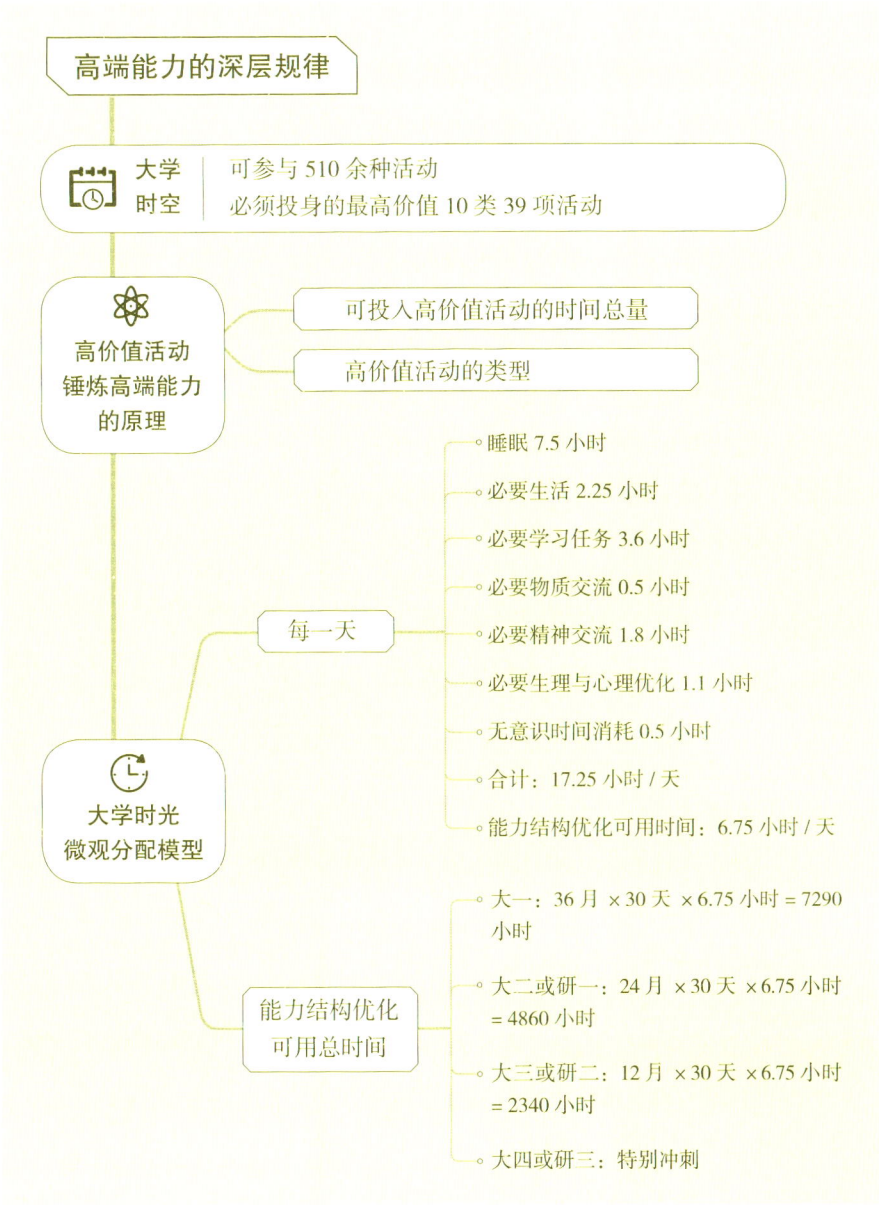

关于大学生提升高端能力的原理与模式，万学教育在多家世界顶级基金的支持下，对约 65 000 名以普通或劣势背景，实现优异职业发展的大学生，进行了深度研究。研究结果表明，他们无一例外都是在大学期间投入足量时间参加了多种高价值活动，从而大幅度提升了高端能力。

人类在某种活动中投入一定的时间和精力进行思考和行动，就会生成或强化相应的能力。大学期间，我们可能参与的活动包括学习、娱乐、体育锻炼、谈情说爱等，共 510 余种。虽然丰富多彩，但大部分是中低价值活动，对于提升高端能力的培育效果微乎其微。其中只有 10 类 39 项活动，属于高价值活动。若一名大学生参加这 10 类高价值活动的数量越多，程度越深，其高端能力结构就会越优秀，而最终就业层次与质量就会越高。

关于高价值活动锤炼高端能力的原理，有如下两个关键点：

（1）可投入高价值活动的时间总量。

（2）高价值活动的类型。

首先，给大家做一个大学时光微观简析，揭示究竟有多少时间可以投入提升职业发展效率的 10 类高价值活动。

如上述导图所示，每一天必要活动消耗时间的最小值合计 17.25 小时。这 17.25 小时里做的事，只能让你成为一个毕业时亮点乏善可陈的大学生，对高端能力的优化作用甚微，无法提升你在芸芸众生中的排序。因此，自我优化提升，只能在每天剩余的 6.75 小时中去实现。

以大四上学期启动招聘的第三批企业与职位为例：

① 睡觉。假设晚上连续睡眠 7 小时，白天偶尔犯困打盹 0.5 小时，每天至少花 7.5 小时。

② 必要生活。一日三餐、洗脸洗澡洗衣服等，每天至少需要 2.25 小时。

③ 必要学习任务。选修课、必修课、做作业等，每天至少需要 3.6 小时。

④ 必要物质交流。例如购物、借书、修计算机等，每天至少 0.5 小时。

⑤ 必要精神交流。例如谈心谈情、网聊神交、表扬批评等，每天至少 1.8 小时。

⑥ 必要生理与心理优化。例如跑步、踢球、网游、听音乐、看电影等，每天至少 1.1 小时。

⑦ 无意识时间消耗。例如发呆、胡思乱想等，每天至少 0.5 小时。

那么，我们总共有多少时间可以投身高价值活动呢？由于行业竞争的不断升级，企业对大学生人才的选聘时间点已经分批前移。第一批从大二下学期和大三上学期开始，第二批从大三下学期开始，第三批从大四上学期开始。总之，越好的企业与职位，选聘启动时间点越早。

可以投身高价值活动的时光，稀缺而珍贵。如果没有精细计划的引领，绝大部分学生会在低级娱乐与错误奋斗中把珍贵时光挥霍一空。

在梦想与迷茫交错的大学生涯，将更多时间投入最高价值排序的 10 类活动中，让思想与肉体得到高能淬炼，我们的职业发展才能跃迁与进化。

本书将帮助志存高远、追求卓越的同学们穿越迷茫、透视真理、掌握锤炼高端能力的核心原理与执行方案，沿着 10 类高价值活动所连成的最优大学之路，实现从平凡向非凡的腾飞。

以大四上学期启动招聘的第三批企业与职位为例：

如果你是大一学生，还有 **7290** 小时（36 月 ×30 天 ×6.75 小时）

如果你是大二或研一学生，还有 **4860** 小时（24 月 ×30 天 ×6.75 小时）

如果你是大三或研二学生，还有 **2430** 小时（12 月 ×30 天 ×6.75 小时）

如果你是大四或研三学生，就必须运用特别方案冲刺准备了

1.2 职业发展关键步骤

1.2.1 高级协同团队构建

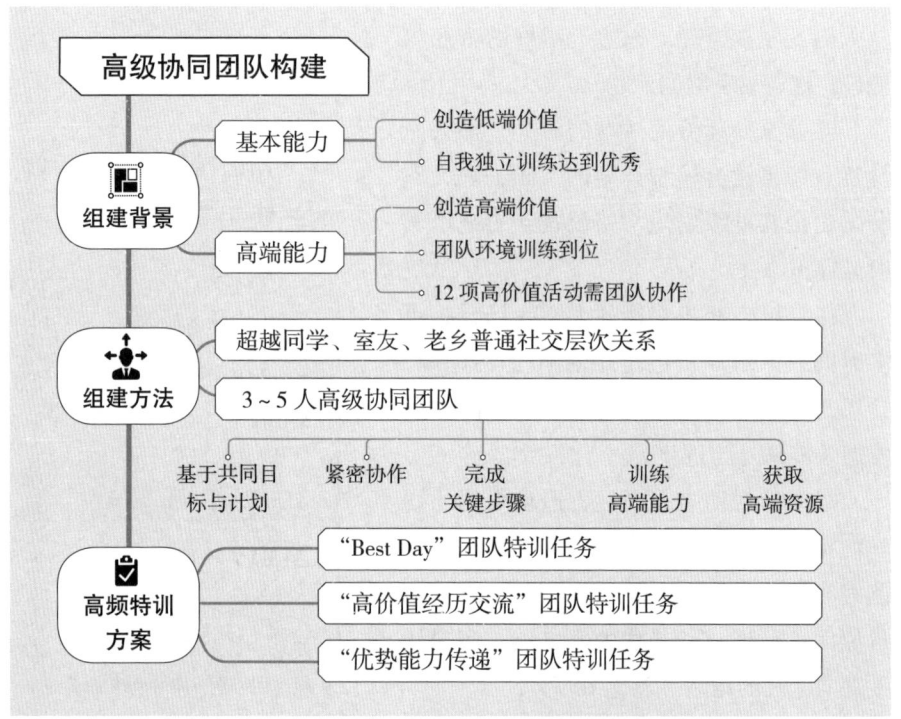

人的基本能力,一般可以通过自我独立训练达到优秀程度,比如跑步、游泳、唱歌等。基本能力的主要作用是给个体带来生理、心理的愉悦和满足,而对社会和他人贡献价值不多。因此,基本能力主要创造低端价值。而高端能力则主要创造高端价值。高端价值与社会的发展紧密相关,因此大学生在进入社会前培育出优秀高端能力就尤为重要。但是,高端能力必须在团队环境中才能培育训练到位,并且12项高价值任务中的大部分也必须团队协作才能完成。

因此,大学生首先要组建超越同学、室友、老乡等普通社交层次的3~5人高级协同团队。团队成员们基于共同目标与计划紧密协作,训练高端能力,获取高端资源,完成关键步骤。

在本书第2章中,将通过阐述解析三个关键项目,帮助大学生迅速组建高级协同团队,从而踏入全新的能力与资源发展时空。

1.2.2 学科知识能力结构优化

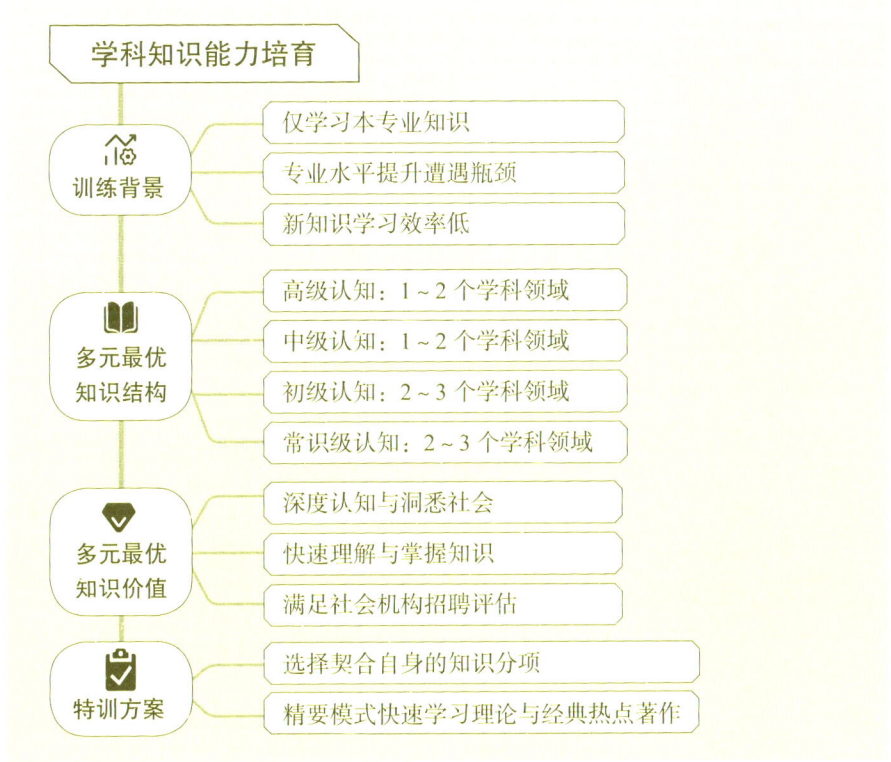

学科知识能力，是指对各类学科知识理论掌握和运用的高端能力。

大学生如果只学习掌握本学科知识，进入社会之后，不仅自身专业水平提升会遭遇瓶颈，而且对新知识的学习效率会降低。

多元最优知识结构，是指在1~2个学科领域达到高级认知，在1~2个学科领域达到中级认知，在2~3个学科领域达到初级认知，在其他2~3个学科领域维持常识级认知（常识是指通过生活接触与互联网渠道获取的浅层知识）。

当一个人具备了多元最优知识结构，就相当于植入了知识汲取与分析的"高级芯片"。他认知与洞悉复杂社会的深度，理解与掌握各类知识的速度都将成倍提升。并且在所有社会机构的大学生招聘评估中，都会考察知识结构的多元与复合程度。

在本书第3章中，将帮助大学生在哲学、法学、经济学、管理学、理学、工学、教育学、历史学、文学、医学等十四大学科领域，选择契合自身的知识分项，以精要模式快速学习理论和经典著作，进而高效培育多元最优知识结构。

1.2.3 核心通用能力高效优化

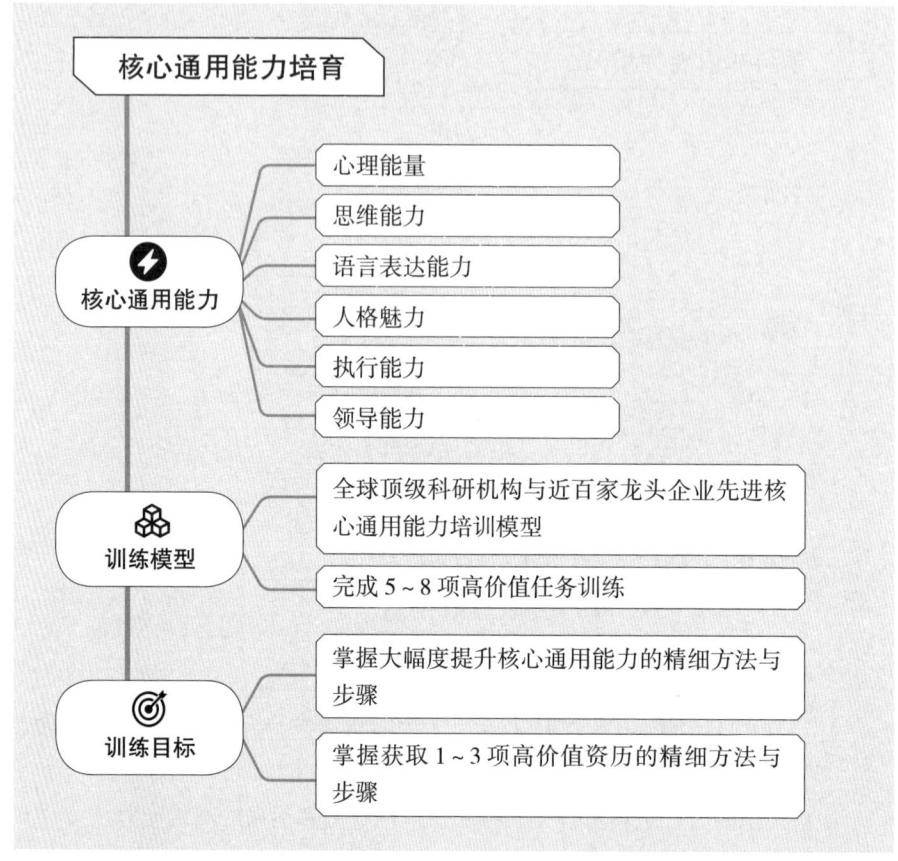

核心通用能力，是对大学生的学习、生活和未来职业有着巨大和深远影响的高端能力，包括心理能量、思维能力、语言表达能力、人格魅力、执行能力与领导能力。

在本书第4章中，阐述解析了全球顶级科研机构与近百家龙头企业的先进核心通用能力培训模型，通过5~8项高价值任务训练，帮助大学生实现如下两大学习目标：

（1）掌握大幅度提升核心通用能力的精细方法与步骤。

（2）掌握获取1~3项高价值资历的精细方法与步骤。

1.2.4 企业职务能力高效优化

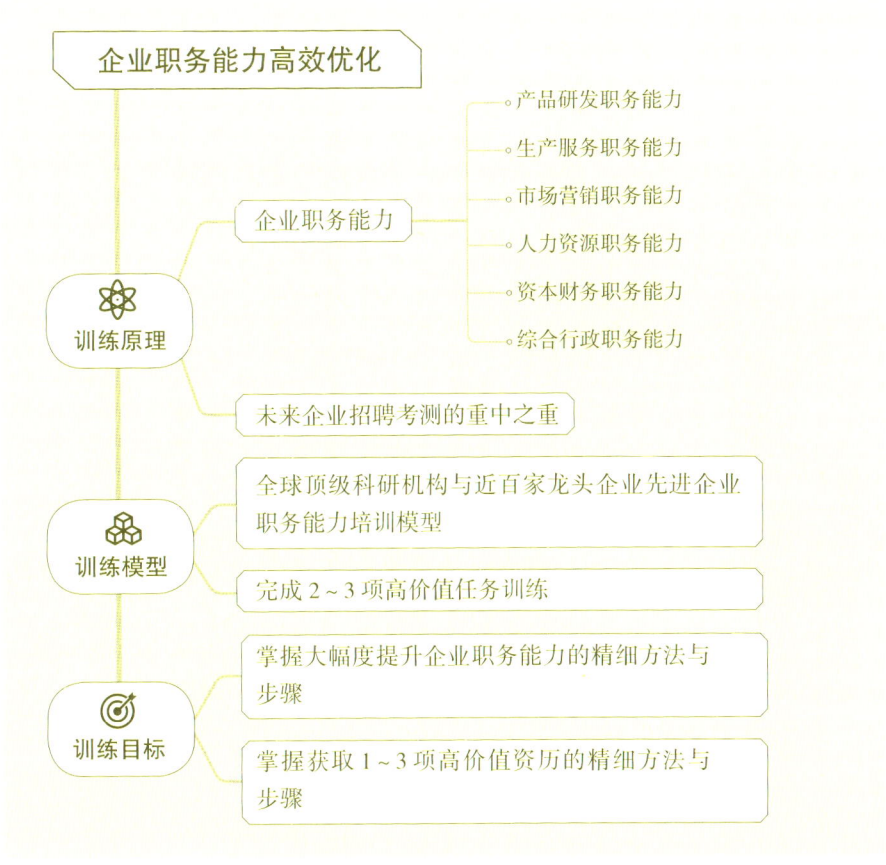

企业职务能力，是指直接为企业创造价值的高端能力，包括产品研发、生产服务、市场营销、人力资源、资本财务与综合行政能力。企业职务能力指标是未来企业招聘考测大学生的重中之重。

在本书第 5 章中，阐述解析了全球顶级科研机构与近百家龙头企业的先进企业职务能力培训模型，通过 2~3 项高价值任务训练，帮助大学生实现如下两大学习目标：

（1）掌握大幅度提升企业职务能力的精细方法与步骤。

（2）掌握获取 1~3 项高价值资历的精细方法与步骤。

1.2.5 才艺能力快速特训

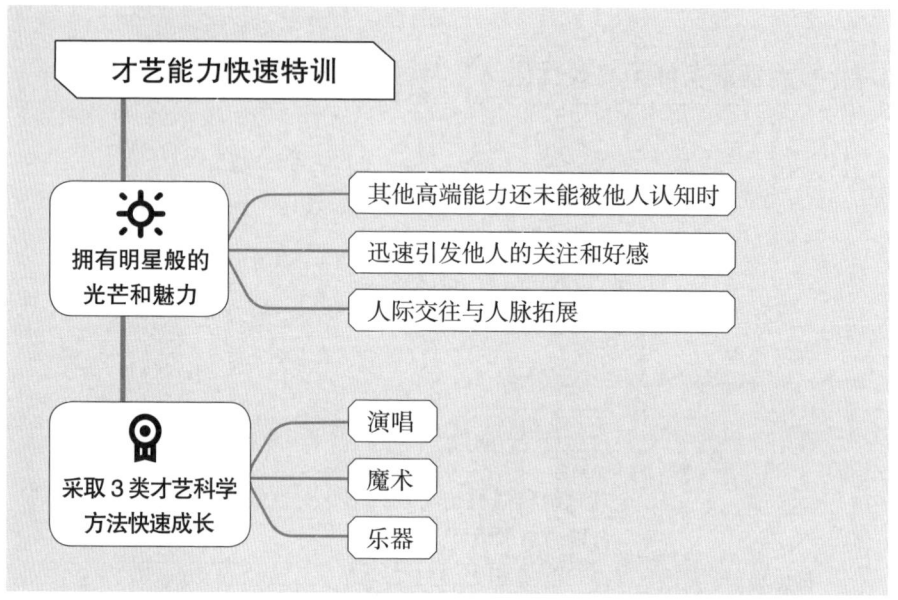

当一个人拥有了超越普通人 50% 以上的优秀才艺能力，就相当于具备了一定程度的明星光芒和魅力，即使在其他高端能力还未能被他人认知时，通过才艺展示，可以迅速引发他人的关注和好感，会对人际交往与人脉拓展带来额外助力。

在本书第 6 章中，从数十种才艺品类中挑选出可以通过采取科学方法快速成长的 3 类：演唱、魔术和乐器。采用高频特训方案，帮助大学生以超越常态 6 倍以上的效率快速发育出比较优秀的才艺能力。

1.2.6 最优职业发展领域选择

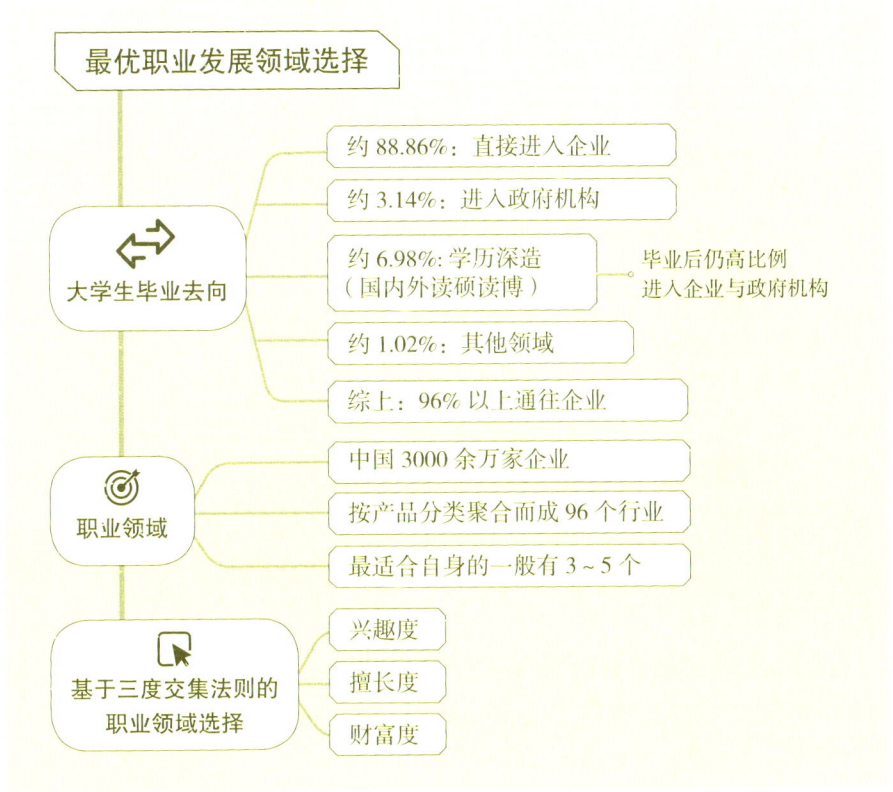

当一名大学生的学科知识能力、核心通用能力和企业职务能力训练培育到一定程度后,就要及时启动未来职业发展领域的选择。因为一个人一旦进入最适合自身的职业领域,其发展速度与成功概率会数倍增长。

96%以上的大学生毕业进入各类企业。目前中国有3000多万家企业,按产品分类聚合成了96个行业。大学生可选的职业领域主要是这96个行业,最适合自身的一般有3~5个。如果能找到并进入最适合自身的职业领域,相当于人生"开门红";反之,则命运"打折"。

在本书第7章中,将为同学们讲解全世界最科学的职业领域选择方法——基于三度交集法则的职业领域选择方法。这一方法主要通过兴趣度、擅长度和财富回报度三个维度的特定测试与分析,帮助学生从96个行业中准确锁定最适合自身的3~5个,从而让职业与人生发展平添动能,全面加速。事实上,找到最优职业目标的意义已经超越了求职,因为这将开启充满热爱与动力的人生奋斗路径。

1.2.7 高价值人脉网络构建

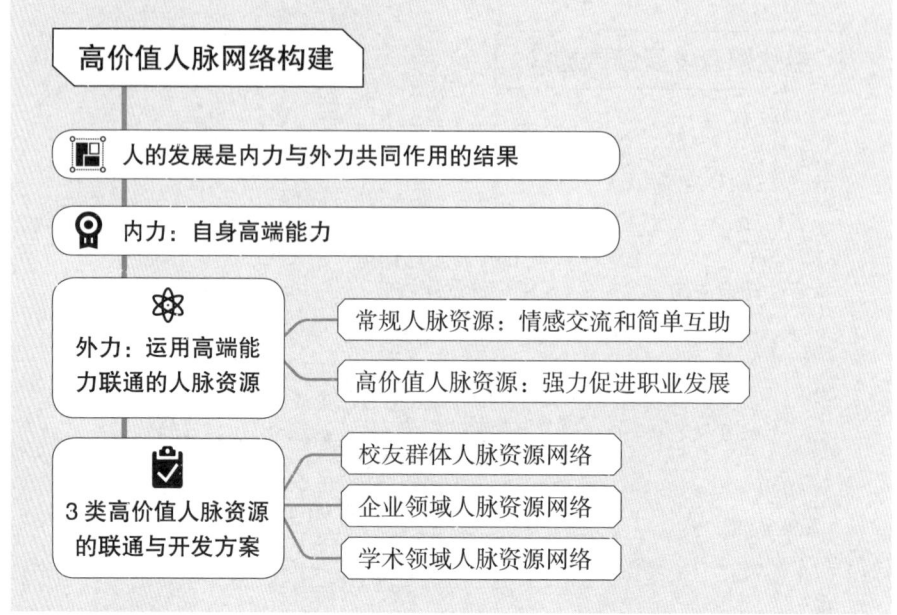

在确定选择最适合自己的职业发展领域后,就要着重在该领域进行高端资源的整合。人生发展是内力与外力共同作用的结果,驱动大学生职业与人生发展的内力主要是自身高端能力,外力则来自运用高端能力联通的人脉资源网络。常规人脉资源的主要价值是情感交流和简单互助。只有高价值人脉资源才会对职业发展产生强力促进作用。很多人由于没有及时开发高价值人脉资源,因此,在毫无知觉间错失了踏入腾飞级轨道的机会。而少数及时构建了高价值人脉网络的人,他们借助强大的外力,放大了自身能力,一举超越同一水平甚至更高水平的大多数竞争者。

同学们在第一项高价值任务中构建了高级协同团队,在后续几项高价值任务中,不仅通过协同高效培育了优秀高端能力,而且通过完成复杂活动的过程获得了拥有高端能力的有力实证。凭借优秀能力与资历,构建高价值人脉网络的效率和效果将会大幅度提升。

在本书第8章中,将为同学们讲解3类高价值人脉资源的联通与开发方案,帮助大家及时构建、整合高价值人脉网络,让同学们在自身能力基础之上,源源不断地汲取强大外力,完成更具挑战的任务,突破独自发展的极限,踏入职业与人生的腾飞级轨道。

1.2.8 目标行业深度研究

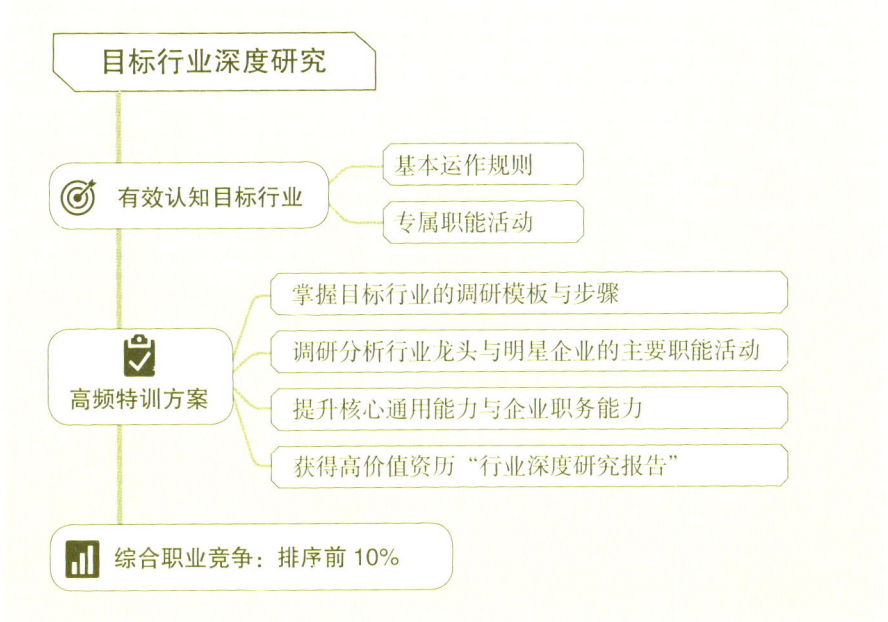

当大学生选定最适合自身的 3~5 个行业之后，就应该对目标行业进行深度的调研。调研过程与结果，可以让大学生有效认知目标行业的基本运作规则和专属职能活动，并进一步提升核心通用能力与企业职务能力。

在本书第 9 章中，将帮助大学生迅速掌握目标行业的调研模板与步骤，通过调研分析行业龙头与明星企业的主要职能活动，再次提升核心通用能力与企业职务能力，并获得高价值资历"行业深度研究报告"，从而达到排序前 10% 的综合职业竞争力水平。

1.2.9 求职专项准备

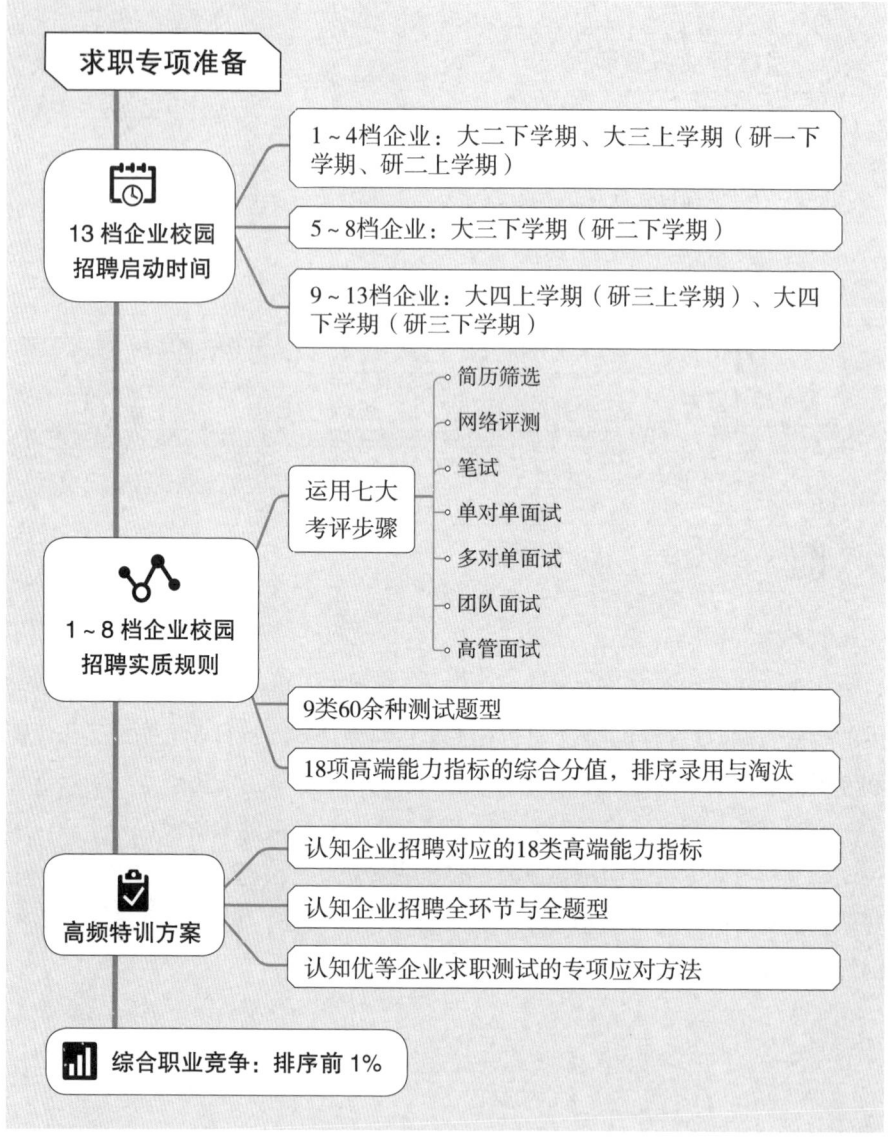

根据规模实力,企业大致可分为13档:

1~4档企业(约 5.1% 的大学生可进入),在大二下学期和大三上学期(研一下学期、研二上学期)开始启动在校管培生招聘计划。虽然是以实习形式进行,但有别于普通实习,这类校园招聘项目有实习后提前发放 offer、毕业后直接全职录用的概率。

5~8档企业（约11.3%大学生可进入），在大三下学期（研二下学期）开始启动招聘。

只有9~13档企业，在大四上学期（研三上学期）、甚至大四下学期（研三下学期）才启动招聘。

优等与中等企业（1~8档）的招聘，一般是经过简历筛选、网络评测、笔试、单对单面试、多对单面试、团队面试和高管面试7个考评步骤，9类60余种测试题型，评测大学生的18项高端能力指标的综合分值，并按排序进行录用与淘汰。

很多大学生到了应聘前几个月才开始准备简历，结果必然在优等和中等企业的求职竞争中一败涂地。大学生必须按照科学方案，投入足量时间，锤炼高端能力，创造能力实证，整合高层次人脉资源，并掌握应对求职测试的全项方法，才能成功进入优等企业！

在本书第10章中，将帮助同学们实现以下3个学习目标，在前9项高价值任务锤炼的优势基础之上，百尺竿头更进一步，达到排序前1%的综合职业竞争力水平，确保实现职业发展的飞跃。

（1）认知企业招聘考测的18类高端能力指标。

（2）认知企业招聘全环节与全题型。

（3）认知优等企业求职测试的专项应对方法。

1.2.10 考研专项准备

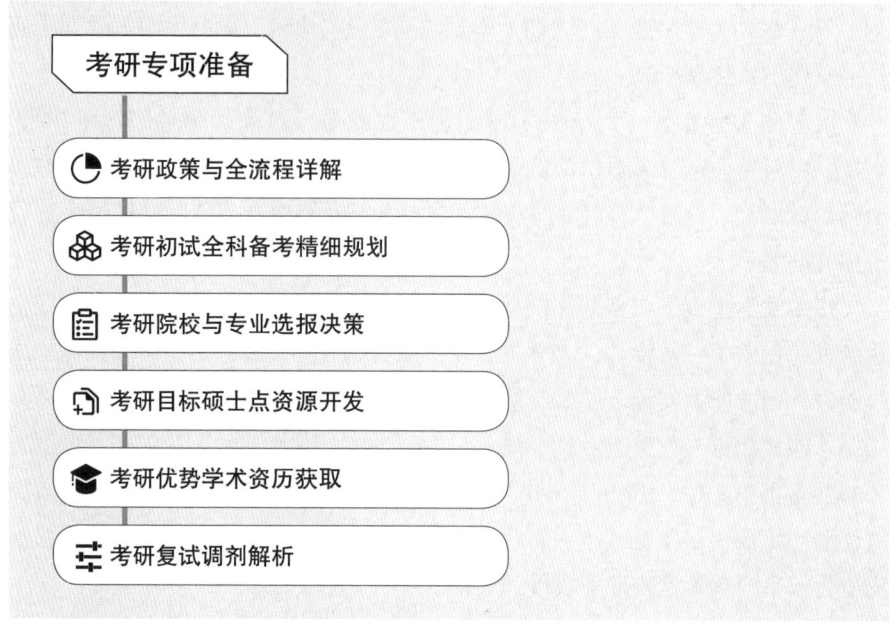

在本书第 11 章中,将为有志于学历深造的学生,提供考研政策与全流程详解、考研初试全科备考精细规划、考研院校与专业选报决策、考研目标硕士点资源开发、考研优势学术资历获取和考研复试调剂解析等重要内容的深度指导,为学生未来考研成功奠定坚实基础。

1.2.11 创业专项准备

大约 4.3% 的大学生会选择创业发展。在本书第 13 章中，将为同学们深入浅出地讲解大学生创业的 16 大关键步骤和 7 种重要资源，从而帮助大学生全面迅速地了解神秘、复杂而又充满机遇和挑战的创业世界。

第 2 章　高级协同团队构建

2.1　团队协同成长规划

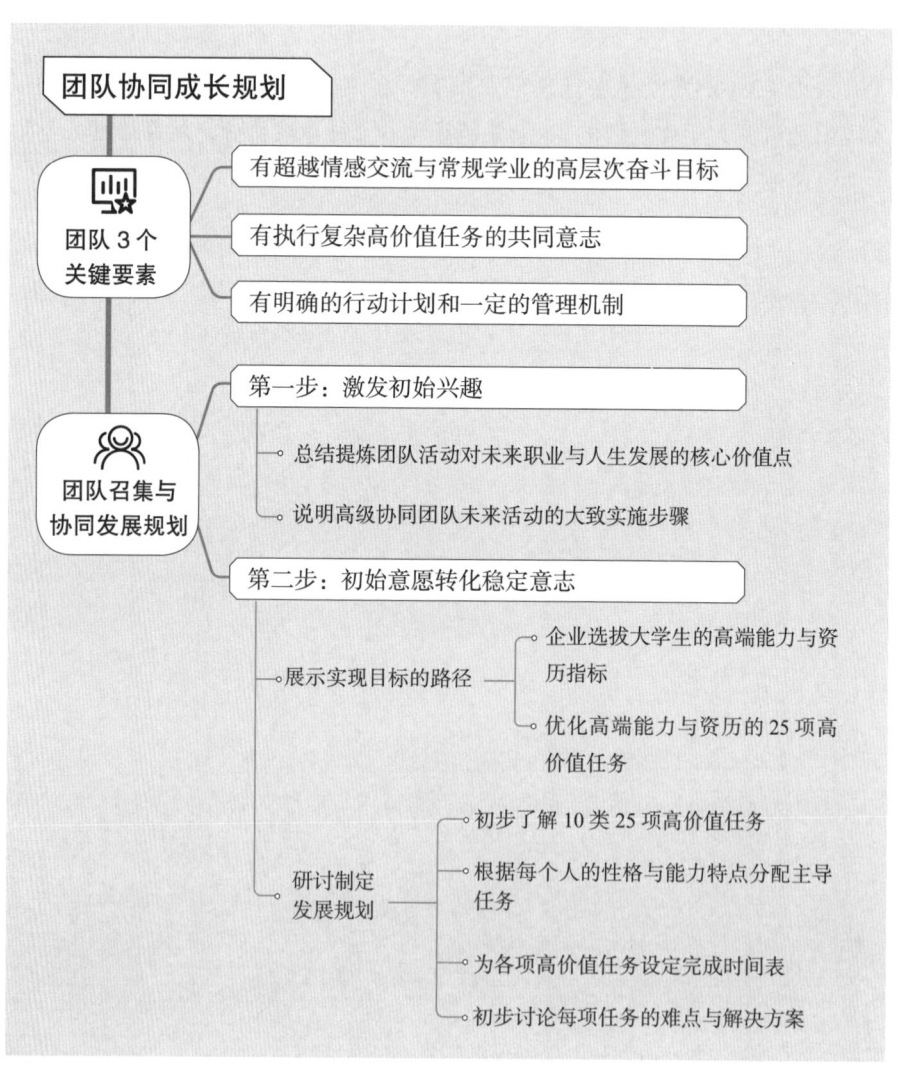

2.1.1　高级协同团队的概念与价值

人类因为组建了团队,才能达成单人难以企及的目标,才能创造出远超个体能力的辉煌成就。

我们每个人的生命都源自规模很小却很伟大的团队——父母。然后一步步在家庭、小学、中学和大学等规模越来越大的团队中吸收能量、成长成才。我们在团队中收获的不仅是信息交互和情感激荡,更重要的是能力发育。

人类能力形成的基本方式是参加活动。参加某种活动数量越多、强度越高,对应能力提升就越大;参加活动类型越高级,培育能力就越高端。高级活动大多需要通过团队模式才能完成,因此,对于我们人生发展影响巨大的高端能力,例如语言表达能力、人格魅力、执行与领导能力等,都必须在团队交互与协作过程中才能有效培育。

构建高级协同团队是有效锤炼高端能力的重要前提,也是25项高价值任务的起点。其过程就是凝聚一群可以齐心协力、坚持完成各项高价值活动的同学,一起提升高端能力与资历,共度不同寻常的精彩大学时光。

高级协同团队的成员数量,最初有3~5人即可,随着参与高价值任务数量与复杂程度的提升而动态增加,最终会达到30人以上。

高级协同团队相对普通朋友群体,必须具备3个关键要素:

(1)有超越情感交流与常规学业的高层次奋斗目标。

(2)有执行复杂高价值任务的共同意志。

(3)有明确的行动计划和一定的管理机制。

2.1.2　团队召集与协同发展规划

我们可以通过两项高价值任务,来创造具备关键要素的高级协同团队并启动运营。本小节重点论述第一项高价值任务,第二项高价值任务将在下一节阐述。

第一项任务:团队召集与协同发展规划。

构建团队的第一步是召集可能加入团队的人员,向他们阐述团队的价值与计划,如果对方在了解并且经过考虑之后,表现出积极而坚定的意愿,即可发展为团队成员。

大学生有很多天然社交圈,老乡、同学、室友、社友、游戏"战友"等。这些基于生活与学习关系联结而成的群体,就是高级协同团队成员的主要来源。已有交往基础的人群，往往沟通比较通畅，所以我们应该优先针对天然社交圈进行邀请和说服。

说服一个同学或朋友成为团队成员，也是高端能力的初始训练。首先，要让对方感知价值。我们每个人每天都会面对五花八门、远超自己处理能力的事物。大家的有限精力一般会选择投入相对更愉悦或更有价值的事情当中。因此，我们必须总结提炼团队活动对未来职业与人生发展的核心价值点，只要给对方讲解清楚，相信一定能激发其参与意愿。因为任何一个正常人都会对提升人生成功概率的事情感兴趣。

当邀请对象产生了初始意愿，接下来就向他说明高级协同团队未来活动的大致实施步骤。如果一个人对某种活动既感知了高价值，又看到了可实现的路径，他的意愿将会变得更加强烈和坚定。

即使前几次邀请都失败了，千万不要气馁，因为这不是浅层次人际交流，而是旨在升级他人梦想和决策的深度沟通。只要你每次总结经验，不断优化对团队活动价值与实现路径的阐述，你一定会在某个瞬间让某个人怦然心动，燃起与你携手并肩的激情。当你成功邀请第一个人之时，你的说服能力就已经发生了质的成长。随后，无论主动联系还是偶然相遇的人，你只要讲述团队梦想与使命，他们都会产生初始意愿。

接下来，就是让初始意愿转化为稳定意志。一个人会因望见美景而心动，如果在激情冷却之前，他又看到通达美景的路径，心动就能变为行动。所以，当你激发了 3~5 个朋友的参加意愿之后，还需要向他们展示实现目标的路径，并与他们一起研讨制定团队发展的具体规划。展示与规划的过程，不仅能坚定成员的意志，而且能加深了解，磨合习性和增强友情。

首先，向团队展示两方面内容：

（1）企业选拔大学生的高端能力与资历指标。

（2）优化高端能力与资历的 25 项高价值任务。

展示内容会将大家的闪耀梦想具象为清晰目标。然后，根据本书各章节所述原理和步骤，与团队深度研讨，一起将各项高价值任务穿插融入大学时光。也就是将未来执行的各项高价值任务，进行初次责任分工与时间分配。主要内容是按照团队协同发展规划表，完成如下 4 项工作：

（1）初步了解 10 类 25 项高价值任务。

（2）根据每个人的性格与能力特点，为其分配主导任务。建议每个同学都要承担主导任务。主导团队复杂任务，既是多种能力的综合训练，又是重要领导资历。

（3）根据每种任务所需时间量和日常学习生活安排，为各项高价值任务设定完成时间表（见下表）。

（4）初步讨论每项任务的难点与解决方案。

个性化团队协同发展规划表

高价值任务	主导人	时间量/h	第一周	第二周	…	第X周
1 高级协同团队构建						
1.1 团队协同发展规划		8~15				
1.2 "Best Day" 团队组配项目		16~25				
2 学科知识能力结构优化						
2.1 多元精要知识结构优化学习		190~270				
2.2 学术论文创作与发表		30~50				
3 核心通用能力高效优化						
3.1 语言表达能力专项特训		35~50				
3.2 人格魅力专项特训		35~50				
3.3 执行与领导能力综合特训		40~50				
……						
6 职业发展领域选择						
6.1 全行业典型企业调研		60~75				
6.2 最优职业领域适配		15~25				
……						
10 职业发展定向准备						
10.1 企业求职全项准备		200~350				
10.2 考研全项准备		900~1 500				
10.3 公职单位求职全项准备		150~220				
10.4 创业专项准备		800~1 500				
10.5 留学专项准备		350~600				

团队协同发展规划会在分歧不断、批评不停和争论不休的研讨中逐渐求同存异，最终达成一致。这一历程将让团队成员的心理默契与行为协调程度超过大多数朋友群体。

2.2 "Best Day"团队适配项目

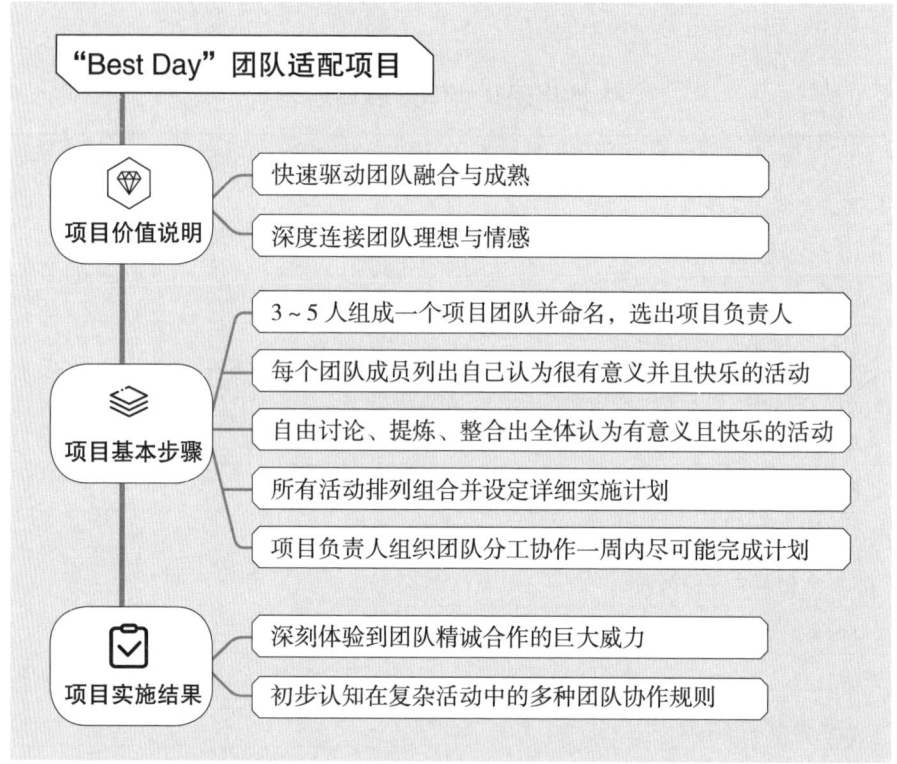

接下来,我们将启动第二项高价值任务"Best Day"团队适配项目,对团队进行初始磨合与强化。"Best Day"团队适配项目,是很多知名企业和机构用于快速驱动团队融合与成熟的经典内训项目。其意义在于深度连接团队的理想与情感。"Best Day"项目的实施,由5个基本步骤构成:

(1)3~5人组成一个项目团队,选出项目负责人,并为项目组命名。

(2)项目负责人让每个团队成员列出自己认为很有意义并且实现后会感觉很快乐的活动。

(3)当所有人列出活动清单之后,项目负责人组织大家针对所有活动进行自由讨论,提炼、调整和整合出团队成员共同认为很有意义,也很快乐的活动项目。

(4)当共同认定的活动项目整合之后,负责人组织大家将所有活动项目排列组合为一个实施流程,为这个流程设定目标、步骤和所需资源,形成一个详细的实施计划。

（5）项目负责人组织团队分工协作，尽量在一周之内完成实施计划。

同学们往往都是按理想化模式列出最高期望的心愿清单，清单上的很多事情都是自己梦想已久但从未实现的。因此，团队成员对完成目标并没有信心，认为只是象征意义的游戏而已。那么，"Best Day"项目实施，都是怎样的结局呢？实际情况是，极少有团队能100%如愿以偿达成清单目标。但绝大部分团队达成目标的程度完全超越预期，收获远超个人努力所能达到的成果。很多人会感叹，没想到通过团队奋斗，竟然能如此接近曾经遥不可及的目标，居然能如此迅速地收获复杂活动的成果。"Best Day"的实施过程，使大家深刻体验到团队精诚合作的巨大威力，并且初步认知在复杂活动中的多种团队协作规则。

"Best Day"任务既能促进团队融合，又是对每个团队成员的心理能量、思维能力、语言表达能力、人格魅力、执行能力等多种高端能力的一次高效预热训练。同时，此项任务还会引发大家深入反思，为什么在过去独自战斗模式下，自己要么从未启动过对那些美好心愿的追求，要么追求总是落空。大家从此深刻意识到团队力量的强大，进而在未来奋斗路上，更加珍视并努力壮大自己所在的高级协同团队。

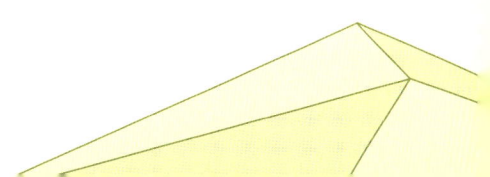

第 3 章　学科知识能力结构优化

3.1　学科知识能力培育原理

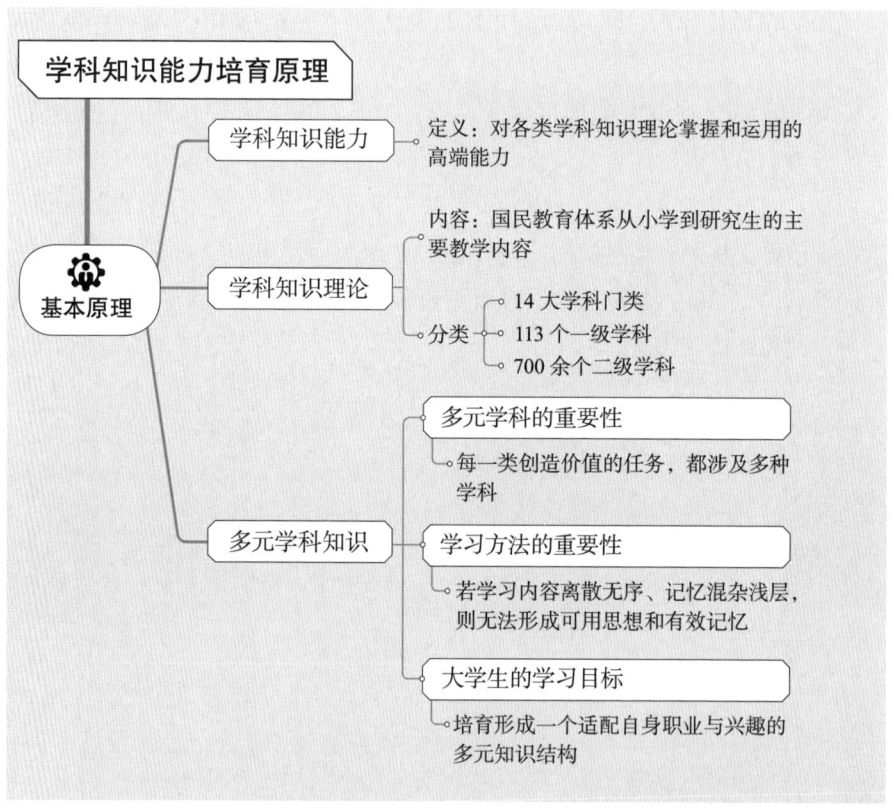

学科知识能力，是指对各类学科知识理论掌握和运用的高端能力。学科知识理论是国民教育体系从小学到研究生的主要教学内容，分为14大学科门类，113个一级学科以及700多个二级学科。每一个学科代表人类对一个细分领域科学知识的研究总结成果。

大学生所学专业的内容是其必须掌握的学科知识，但仅靠本专业所学知识不足以应对纷繁复杂的社会多元任务，因为每一类创造价值的任务，都涉及多种学科。缺乏相关学科知识必然导致对任务的理解效率与胜任程度的低下。

所以，我们应该在单一专业的基础上，学习掌握更多学科知识。相信很多同学都有丰富知识的天然意愿，然而，在扩展学习的过程中，很多人会陷入迷茫。因为学科知识浩若烟海，任何一种都学无止境，我们到底应该学什么、学多少，好像一直是个无解之题。为了达到知识渊博的境界，有的同学大量阅读课外书，大学期间看书超过 300 本，有的同学网上查询超过百万条资讯。虽然每看一本书都能收获一定知识，但由于内容离散无序，记忆混杂浅层，不仅无法形成可用思想，而且很多内容在经过一段时间后都会被遗忘殆尽。

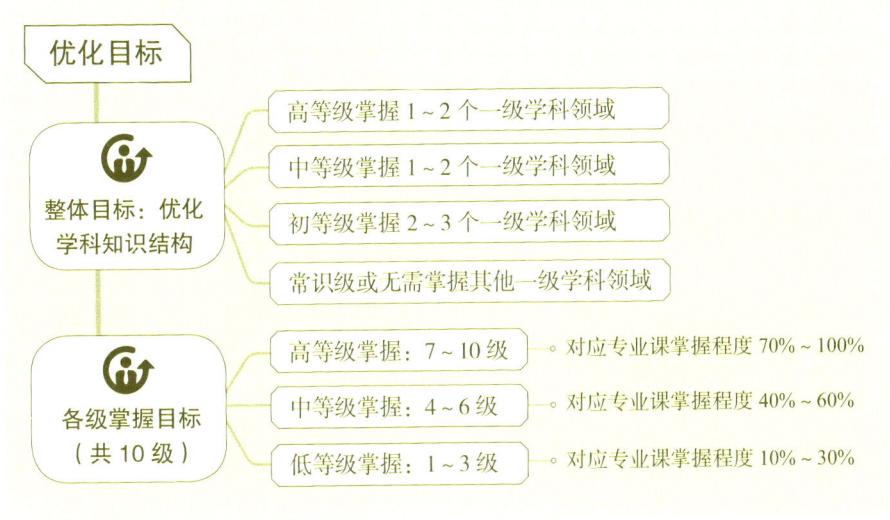

根据相关理论研究与实践验证，大学生扩展自身学科知识的目标，其实质是培育形成一个适配自身职业与兴趣的多元知识结构。具体而言，大学生所需培育的优化知识结构是在 113 个一级学科领域中，1~2 个领域实现高等级掌握，1~2 个领域实现中等级掌握，2~3 个领域初等级掌握，其他领域只需常识级掌握或无需掌握。我们将一个学科知识的掌握程度分为 10 级，并与本科专业课掌握要求进行大致匹配。高等级掌握为 7~10 级，相当于对应专业课掌握程度的 70%~100%；中等级掌握为 4~6 级，相当于对应专业课掌握程度的 40%~60%；初等级掌握为 1~3 级，相当于对应专业课掌握程度的 10%~30%。

大学生如果能通过特定计划，在校期间完成学科知识优化结构的培育，这将系统性、大幅度地提升其未来职业发展乃至一生的知识学习与运用效率。

3.2 多元精要知识结构优化学习

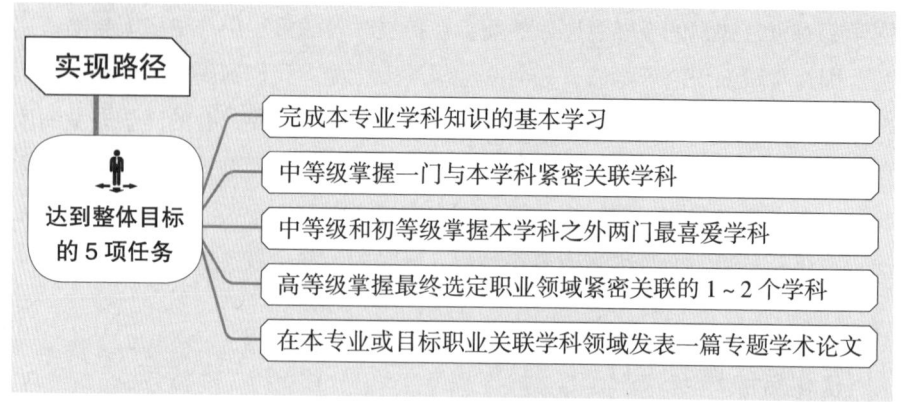

学科知识结构优化的整体目标，主要通过5个分项任务去达成。

第1项任务：完成本专业学科知识的基本学习。

大学专业内容是必要学科知识，必须认真学习，确保达到高等级掌握。

第2项任务：与本专业学科紧密关联的一个学科，应该达到中等级掌握。

大学生所学专业与未来承担的职业任务并非一一对应关系，而是多种学科知识对应一种职业任务。因此，在本专业基础之上，大学生至少应该再学习与本专业紧密关联的一个学科，并达到中等级掌握。

第3项任务：寻找并锁定自己在本专业之外最喜欢的两个学科领域，分别达到中等级和初等级掌握。

一个人能找到并学习自己最喜欢的知识，不仅令人兴奋愉悦，而且可能会激发意外的能力，从而改变和升级人生路径。所以，除了本专业及其紧密关联专业之外，还应该利用大学的自由时光，在各个学科领域去找到自己真正喜欢的知识，进行专项补充学习，达到超越常识的掌握等级。

第4项任务：针对自己最终选定职业领域紧密关联的1~2个学科，按照适配职业需求的知识结构，进行深度学习，快速达到高等级掌握。

部分同学最终选择的职业发展领域与大学所学专业不相关。这种情况下，很多同学不会专项补充学习职业领域关联学科知识。要么是觉得没有必要，选择在进入社会之后，一边工作一边学习；要么是没有分析选定职业发展领域，不知应该补充什么。无论什么原因，大学生缺乏职业方向的学科知识，都会对职业发展产生折损效应。为了获得职业发展的精准知识储备和更强初始动力，大学生应该对关联学科的核心知识群进行专项深度学习，并实现高等级掌握。

第 5 项任务：在自己本专业或目标职业关联学科领域，创作并发表一篇专题学术论文。这一任务不仅能提升学科知识的高等级掌握水平，而且会打造重要证据。

发表学术论文是研究生必须完成的学业任务，所以在通常情况下，大部分本科和高职的同学不会主动发表论文，认为毫无必要。虽然没有硬性规定，但这一过程与结果对本科和高职同学却有多重价值。创作专题学术论文，比常规学习难度更高，自然有更大压力。正是这种压力，推动我们快速在某个学术细分方向上，更深层和更系统地学习与创造，进而激发更强能力。因此，创作论文既是优化学科知识能力的高阶训练，又能成为具备优秀思维和研究能力的证据。

由于第一次创作只需完成最简框架论文，因此只要遵循基本方法与步骤，在足量研究同类论文的基础上，深入思考、逐点创作，多数同学都能完成一篇学术论文，并且至少可在非核心期刊上发表。

以上 5 项任务的目的，是帮助各位同学按照高、中、低 3 种掌握等级，有效优化学科知识能力结构。而达到各级掌握目标，则大致有 4 种学习路径，具体如下：

第 1 种路径：对于本专业学科知识，只需按照高校教学安排认真学习到位，即可达到高等级掌握。

第 2 种路径：对于本专业之外的职业领域最紧密关联学科，我们可以通过 5 个步骤实现高等级掌握。

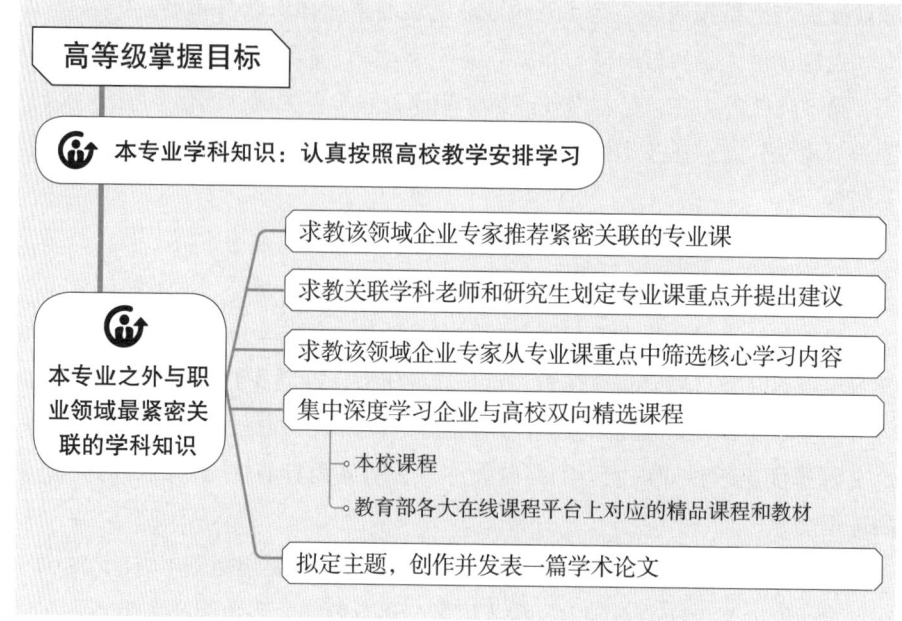

（1）求教目标职业领域的企业专家，请他们推荐与职务紧密关联的各门专业课。

（2）求教关联专业学科的老师和研究生，请他们划出专业课重点知识模块并给出学习计划建议。

（3）求教目标领域的企业专家，请他们在已划出的重点知识模块中进一步筛选出核心学习内容。

（4）针对精选锁定的核心学习内容，通过本校课程、教育部各大在线课程平台上对应的精品课程和教材，进行集中深度学习。与职务关联的学科知识内容与高校专业设定的常规学科知识内容，从范围到深度都有所不同。因此，我们应该按照企业与高校双向精选的内容框架，以聚焦学习方式，快速达到高等级掌握水平。

（5）拟定主题，创作并发表一篇学术论文。

第3种路径：对于与本专业学科紧密关联的一个学科和专业之外最感兴趣的一个学科，我们应该通过3个步骤的学习，达到中等级掌握水平。

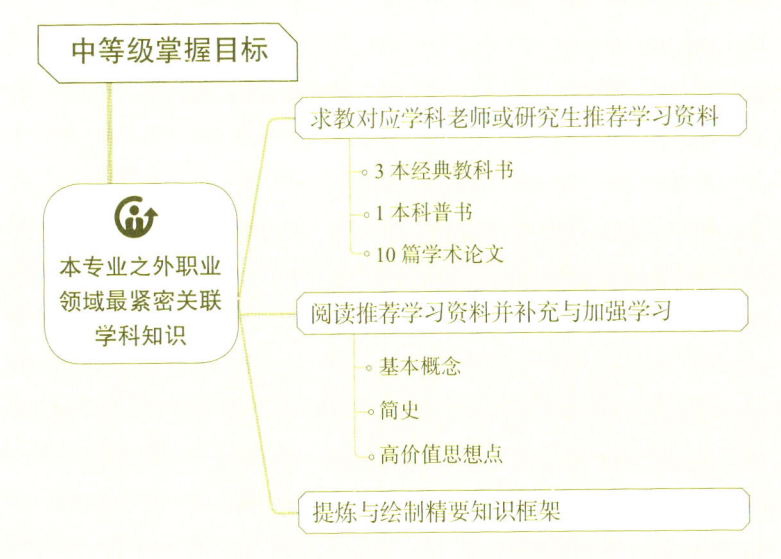

（1）求教对应学科的老师或研究生，请他们推荐 3 本经典教科书、1 本科普书和 10 篇学术论文。

（2）完成推荐学习资料的阅读，并针对基本概念、简史和高价值思想点进行补充与加强学习。

（3）根据学习资料的内容，提炼并绘制精要知识框架。

第 4 种路径：对于其他感兴趣的一门学科领域，通过两个步骤的学习，达到初等级掌握水平。

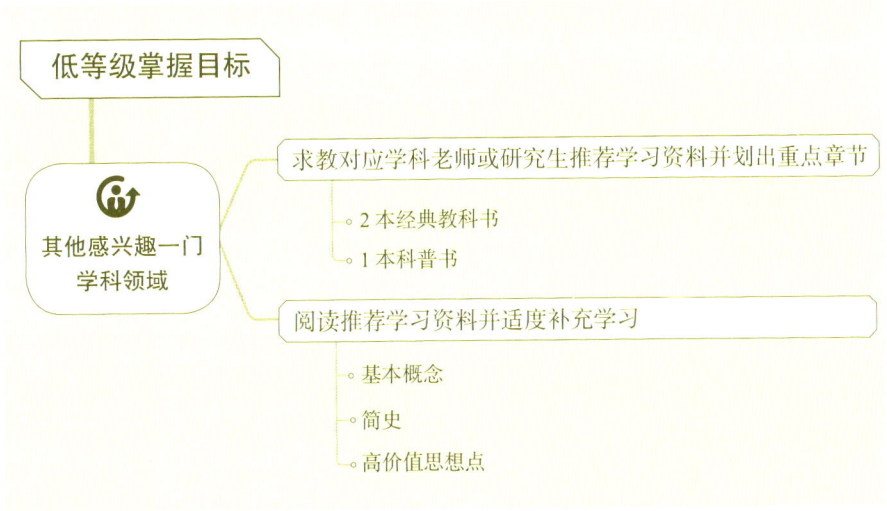

（1）求教对应学科的老师或研究生，请他们推荐 2 本经典教科书及 1 本科普书，并划定重点章节。

（2）完成推荐学习资料的阅读，并针对基本概念、简史和高价值思想点进行适度补充学习。

上述 5 项任务和 4 种路径，没有任何不可逾越的难点，只要用心做到位，掌握学科知识的模式将发生结构性优化，不仅可以大幅度提升学科知识能力，改善被海量碎片信息流导致的畸形化的知识结构，而且还能锤炼形成持续提升学科知识能力的优秀思维系统。

第 4 章　核心通用能力高效优化

4.1　核心通用能力培育原理

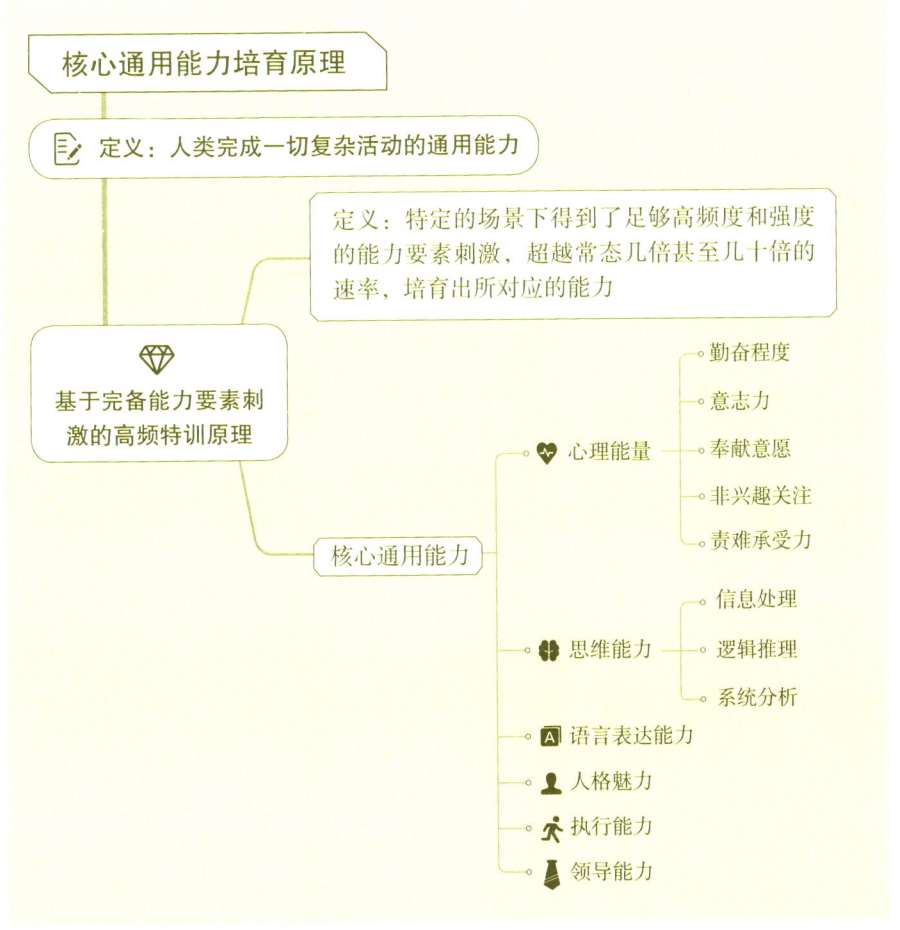

高端能力体系中第二类能力称为核心通用能力,是人类完成一切复杂活动的通用能力。无论在今后想要成为科学家、政治家还是企业家,都需要具备足

够优秀的核心通用能力。因为任何一种具体能力，包括学科知识能力和企业职务能力，都是核心通用能力和某种具体知识与流程的融合。因此，核心通用能力培育的优先级是最高的。

在介绍核心通用能力的各分项能力优化方案之前，先给同学们分享一个可能贯穿你一生的能力训练原理——基于完备能力要素刺激的高频特训原理。这个原理的名称貌似深奥晦涩，其实很好理解，只要抓住两个关键点，即"完备能力要素"和"高频特训"。人类能力的本源是什么？当人的心理或者身体受到了某种外部刺激，而运用现有的精神或者肉体力量无法抵抗这种刺激，人体就会释放出更多的精神或者肉体力量去抗衡这种刺激，当多次释放力量，进而达到足以抗衡刺激的稳定状态，人类抵抗这种刺激的能力就得到了增强。

例如人们练习跑步。想要跑得更快，首先要控制体重、科学饮食以达到标准体重。如果越长越胖，想要跑得更快是基本不可能的。其次要增强下肢力量，让跑步所需的肌肉更强壮有力，这就是肉体力量的完备要素。另外，从精神力量来看，不论是抵抗美食、坚持按照科学方法饮食，还是持续训练、增强力量和耐力，都需要更强大的意志力。怎么理解"高频特训"呢？原则上跑步应该一周锻炼3~4次，如果你只是一周或者一个月锻炼1次，效果也就可想而知了。抵抗外界刺激的能力增长是线性的，间隔时间太长就衰退了，前面的努力也就前功尽弃。

再举个例子：一个正常人类在没有特殊刺激的情况之下，自身想要培育出抵抗乙肝病毒的能力，可能一辈子都不可能实现。如果用疫苗的方式刺激，当灭活或减毒之后的乙肝病毒注入其体内，既没有染病的危险，同时由于高强度的刺激，抵抗能力和免疫能力会在短期迅速增强，三个月就能培育出抵抗乙肝病毒的能力。

由此可见，当在特定的场景下得到了足够高频度和强度的能力要素刺激，就会超越常态几倍甚至几十倍的速率，培育出所对应的能力。这种方案对于和生理、心理相关的所有能力全部适用，因为接下来所有的训练都将贯穿这一原理。在有了原理之后，还需要有对应的训练模型和方案。万学教育在多家世界顶级基金的巨资支持下，整合提炼了全球顶级科研机构与近百家行业龙头企业的最先进高端能力培训模型，针对核心通用能力和企业职务能力，设计了5类高价值活动、10余种训练任务，高效优化以上两类高端能力。

核心通用能力包括心理能量、思维能力、语言表达能力、人格魅力、执行能力和领导能力。接下来，分别解析各分项能力的高效优化方案。

心理能量是人类意识中潜在的能量元素，是一切人类能力的意识本源。将心理能量注入某种能力的具体训练模式，持续足量的时间，就能转化出某种具体能力。心理能量不断强化，其转化形成的各种能力也随之强化。心理能量包括勤奋程度、意志力、奉献意愿、非兴趣关注和责难承受力，具体如下：

（1）勤奋程度是指为了既定的目标，坚持投入足量时间的能力。

（2）意志力是指面对困难和诱惑，保持情绪与行为稳定的能力。

（3）奉献意愿是指为了组织和长期利益，牺牲个人和短期利益的意愿。

（4）非兴趣关注是指对不感兴趣或厌憎的事务，保持热情和专注的能力。

（5）责难承受力是指对外部负面评价与指责的承受能力。

思维能力主要包括信息处理、逻辑推理和系统分析，具体如下：

（1）信息处理是对单点信息的反应、理解与记忆。

（2）逻辑推理是对多个单点信息的关系判断与推导。

（3）系统分析是对多组变化信息复杂关系的深度分析。

上述两类能力相对抽象，且专项训练过程比较枯燥。因此，我们将这两种能力的训练与更显性的语言表达能力、人格魅力、执行能力和领导能力的训练方案相结合，从而在这些能力培育提升的过程中同步提升心理能量与思维能力。

4.2 语言表达能力优化特训

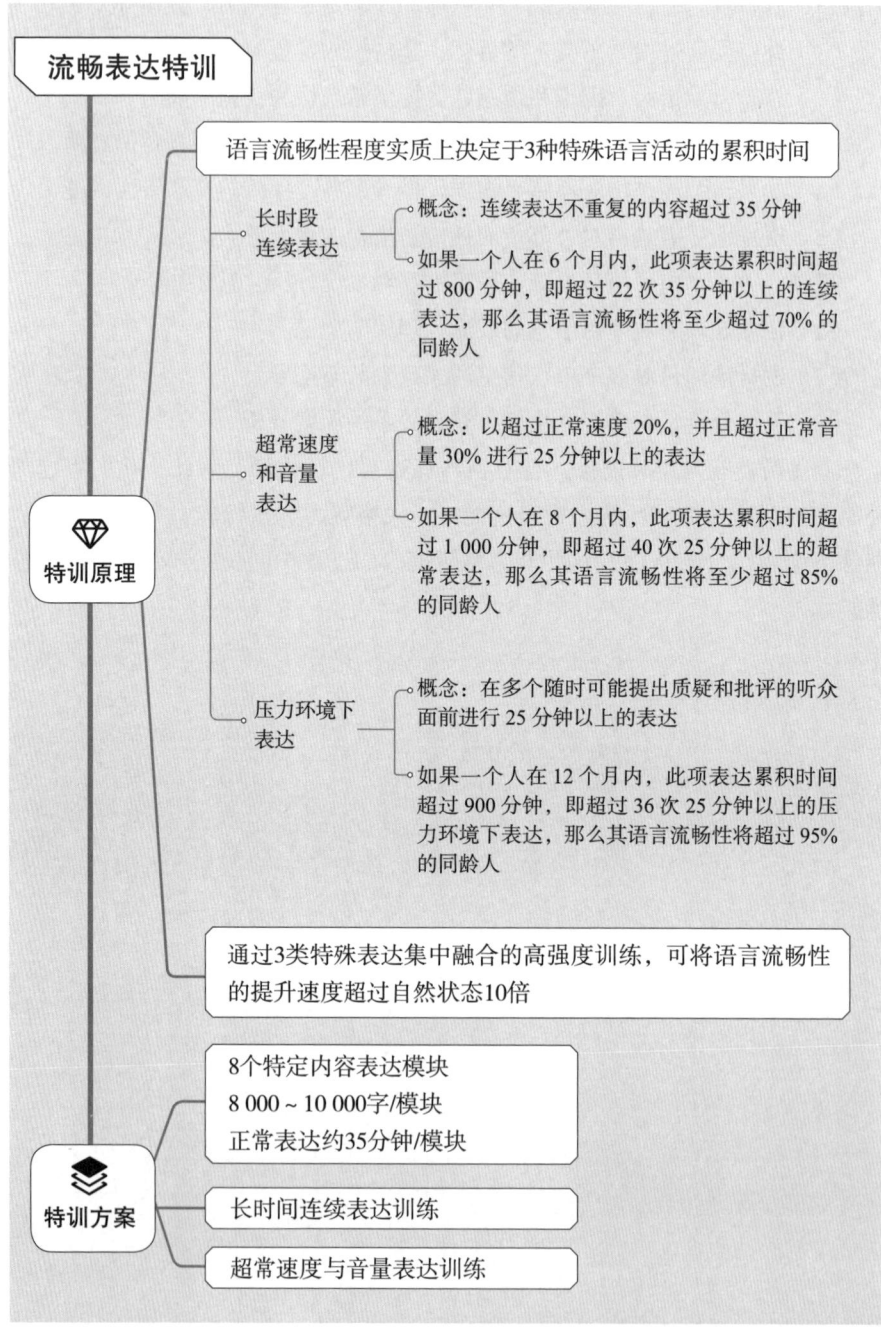

语言表达能力是人类创造财富的力量起点,更是贯穿各种高端能力生成和运用过程的链条。从古至今,无论是政界领袖还是商界精英,他们的语言表达能力都很优秀。

本章节讲解的语言表达能力特训方案,是一套先进、高效的语言特训方案,不仅可以帮助一个人大幅度优化语言表达能力,而且曾经帮助有口吃问题的同学突破天然语言障碍,一步步从劣势达到正常,从正常达到优秀,最终参加省市级演讲比赛并荣获优胜奖项。

语言表达能力主要由两阶分项能力所构成。第一阶分项能力称为流畅表达能力;第二阶分项能力称为持续质疑辩论能力。

流畅表达能力实质上决定于3种特殊语言活动,即"长时段连续表达""超常速度和音量表达"与"压力环境表达"累计投入的时间量。

(1)长时段连续表达,是指能连续表达不重复的内容超过35分钟。如果一个人在6个月内,此项表达累积时间超过800分钟,即超过22次35分钟以上的连续表达,那么其语言流畅性将超过70%以上的同龄人。

如何进行长时段连续表达训练呢?首先,要准备用于表达训练的内容,否则别说35分钟,可能5分钟之后,就开始语无伦次、不知所云。表达训练内容可以从学科经典书、排行热销书、成功人物传记等有较高价值内容的书籍中选择。按照平均语速每分钟220个字,如果连续表达35分钟,至少需要8 000字以上。因此,我们建议从学科经典书、排行热销书和成功人物传记中选择8~9本书,并将每本书提炼精简为8 000~10 000字的内容模块,共计准备8个以上表达训练内容模块。

设定训练时间为35分钟连续表达,共有3层意义:①只有超过35分钟的连续表达,才可能突破自身天然语言流畅性极限。②35分钟连续表达,是任何人都可能达成的目标。③以连续表达35分钟的训练为起点,很快就能达到连续表达180分钟的能力状态。这种状态已经可以满足绝大多数人一生所有重要场合的演讲需求。

(2)超常速度和音量表达,是指以超过正常速度20%,并且超过正常音量30%的状态进行25分钟以上的表达训练。如果一个人在连续表达训练的基础上,又在8个月内投入超常表达训练累积时间超过1 000分钟,那么其语言流畅性将超过85%以上的同龄人。

(3)压力环境下表达,是指在多个随时可能提出质疑和批评的听众面前进行25分钟以上的表达。如果一个人在连续表达与超常表达训练的基础上,又在 12 个月内完成累积时间超过 900 分钟的压力环境下表达训练，那么其语言流畅性将超过 95% 的同龄人。

为什么要构建压力环境呢？人在一生之中，推动个人发展进阶的重要机会往往都在压力环境下出现。在可能发生资源得失的场景下才会集聚压力，很多人因紧张而表现打折。因此，在压力环境下能够逻辑清晰、流畅表达，自然更容易赢得资源，争得机会。

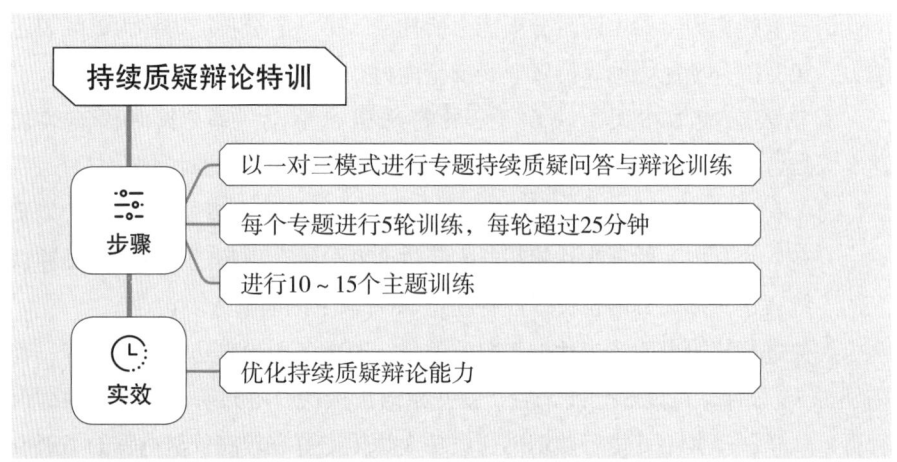

为了更高效地提升语言表达能力，我们将第一阶分项能力"流畅表达能力"的压力环境下表达与第二阶分项能力"持续质疑辩论能力"进行整合训练，可实现事半功倍的特训效果。

持续质疑辩论训练一定是在压力环境下进行的，压力环境下表达通常也会受到质疑而进行辩论解释。将这两种语言表达能力训练进行科学优化统合之后，训练效果和效率会大幅度提升。

训练基本原理：针对某类主题内容，以一对三模式进行 5 次超过 25 分钟的持续质疑与辩论训练，关于该主题内容的答辩能力会快速大幅提升。

训练方法举例如下：

（1）针对某个主题，团队成员分工对每篇内容提炼问题和回答内容，成员熟悉问题和回答结构。

（2）按照一对三的模式，由一个人进行阐述，另外三人在其阐述时，随时打断并针对模块内容提出问题质疑。

（3）阐述者进行解答，解答完成后回到自己被打断位置继续阐述，直到阐述时间达到 25 分钟。

（4）每次全体成员逐个考核，对表现欠佳成员分析原因，专项帮助。

按照以上训练程序，进行 10~15 个主题的训练，每个主题训练 5 次。尽量在 3 个月内完成此项训练，团队成员压力环境下的持续质疑辩论能力将实现质的突破。

按照本章节所述原理与方案，各位同学以团队模式进行 2~5 个月的高频特训，即可较大幅度提升语言表达能力。相信过了不了多久，你悄然飞跃的口才，将令你的朋友们刮目相看，由衷赞叹！

4.3 人格魅力优化特训

4.3.1 人格魅力深层内涵

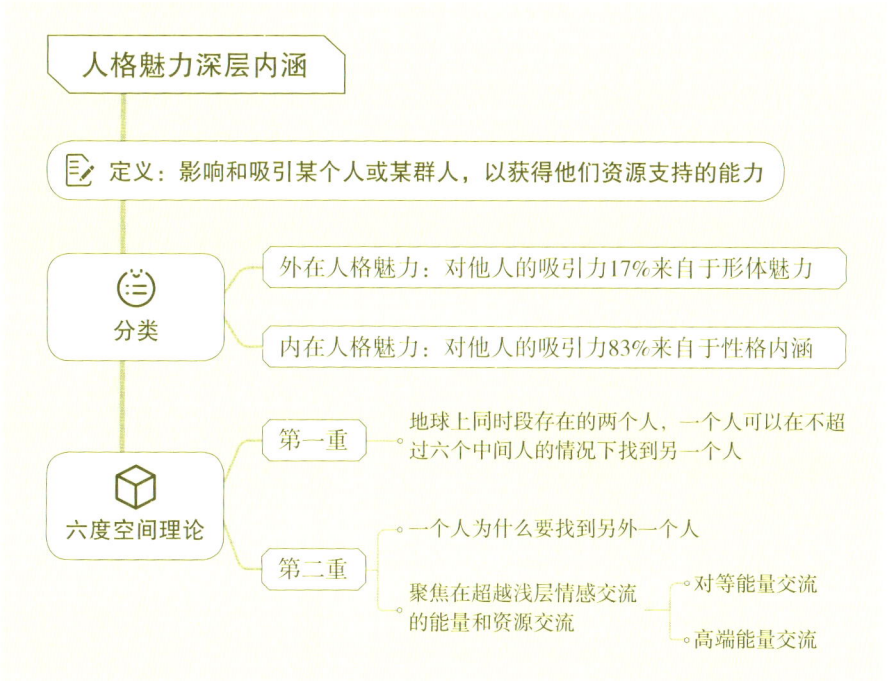

语言表达能力优秀的人并不一定都能获得他人的支持。虽然理性上认可了你，认为你说的逻辑和道理都正确，但就是感性上不接受。因为他不喜欢你、不信任你，所以很难支持你。那么你就需要另外一种重要能力，即不仅要理性地说服他，还要感性地让他接受，这就是人格魅力。

人格魅力是指影响和吸引某个人或某群人，以获得他们资源支持的能力。人格魅力是尤其神秘的一种高端能力，它是驱动其他多种高端能力的重要元素，是让他人迅速对你产生好感，从喜欢、喜爱到深爱你的一种神奇力量。

人格魅力分为两部分，即外在的和内在的人格魅力。外在的人格魅力就是我们常常说的形体魅力。有相关研究表明，一个人对他人的吸引力，最多有17%来自于形体魅力，余下的83%的影响力都是来自内在的人格魅力，即一个人的性格和内涵。本书讲解的都是内在人格魅力。

人格魅力看似玄妙不可捉摸，但实际上可以通过科学方法高效培育。基于非常科学的多重连锁心理反应，对应着有多种训练方法。首先给大家解开人格魅力的深层内涵，然后介绍全面大幅度提升人格魅力的高频特训方案。

在介绍人格魅力究竟如何对我们的人生和事业产生重大影响之前，首先介绍一个著名理论：六度空间理论。这是一个历时60多年，全世界十几个研究机构、企业和高校联合研究的结果。其研究结果表明，人们总是喜欢不断寻找其他人并建立联系，一个人可以通过不超过六个中间人联系到另一个同时期存在的人，这就是六度空间理论。我们用过的很多信息产品都与六度空间理论密切相关，例如微博、微信和QQ等，就本质而言，所有社交网络软件都是基于六度空间理论发展演化的成果。

我们每个人都已经有很多亲朋好友，为什么还要不断寻找和联系另外的人呢？其意义在于追求更多的人际交互快感。人际交互快感有两个层次：①基本信息与情感交流，例如谈心闲聊、打情骂俏、弹幕吐槽等。此类人际交互产生浅层次快乐。②高价值能量和资源交流，例如求职应聘、融资路演、贵人相遇等。此类人际交互可以产生深层次快乐，因为可以获取高价值能量和资源，从而提高自己实现梦想的速度。

能量和资源交流又分为两种，一种是等能交流，另一种是高能交流。等能交流是什么呢？比如你给另外一个人一份能量，他对等给你一份能量，这就是等能交流，主要实现高价值能量与资源一比一的对等交换。而高能交流则是你给别人一份能量，而他可能给你两份甚至更多能量的不对等交流。我们在两个层次的人际交互中收获的价值与快乐，都与自身人格魅力息息相关。

具备优秀人格魅力的人，不仅会在基本信息与情感交流中轻松收获大量浅层次快乐，更重要的是，对于多数人难以激发的高能交流，他们总能实现并收获高价值资源与深层次快乐。因为，他们在与高端能量拥有者的交流过程中，总能让对方产生足够强的好感、喜欢和欣赏。

4.3.2 愉悦感激发训练

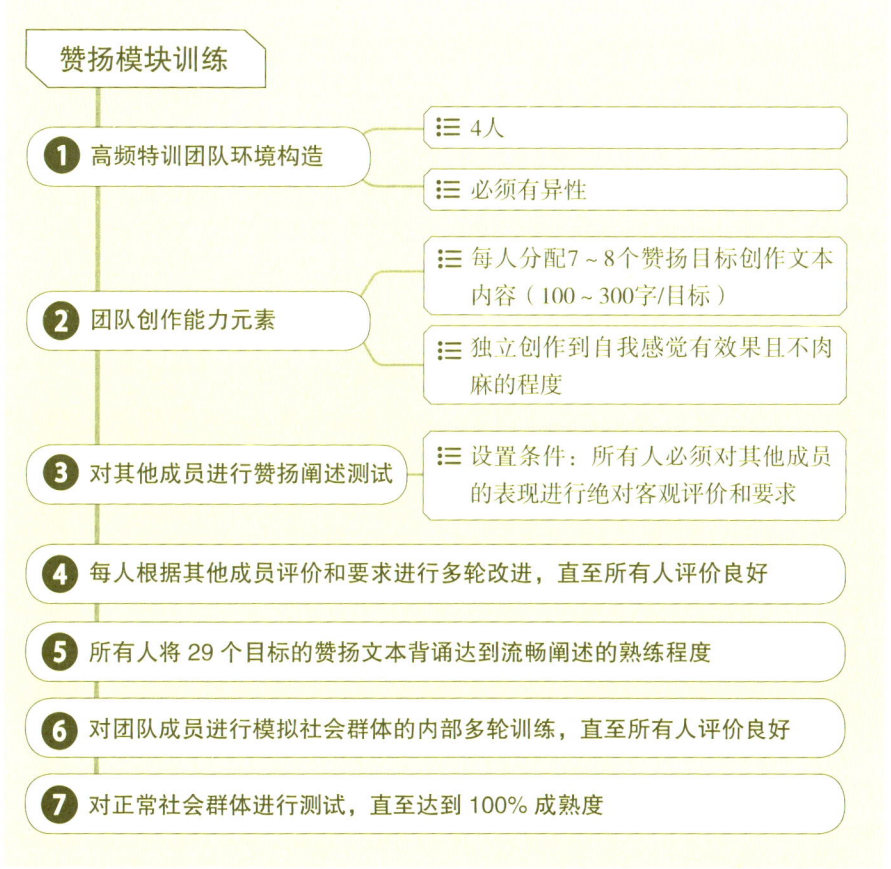

在初步揭开人格魅力的神秘面纱之后，接下来介绍快速提升人格魅力的特训方案。如何让另外一个人对你迅速产生好感并喜欢你呢？首先，你要对他传递某种特殊的信息，让他迅速产生愉悦感。

也许你会觉得让一个人迅速而必然因你而愉悦很难，但其实只要催化条件齐备，让另一个人产生愉悦感是必然发生的事件。

人的某种心理或行为反应，大多是受到外部的某种信息刺激而产生。那么，要让一个人因你而愉悦，需要给他传递什么信息呢？

也许有人首先想到——讲笑话。确实,讲笑话能让别人迅速而必然开心,但讲笑话不适合放在第一步,因为有可能太唐突了。比如,你突然冲上去给某个不熟悉的人讲个笑话,难免换来尴尬一笑,然后成为笑话。

4.3.2.1 赞扬模块训练

激发愉悦感的第一步是赞扬。即使对于不熟悉的人,只要你真心、恰当地夸赞,对方一定会欣然接受。也许他表面做出漠然不屑的样子,但他的内心高概率已接受了夸赞,不禁暗自开心,还盼着你继续夸他。这是因为所有人都希望得到认可与赞扬。

同学们可以认真想一想,你会夸人吗?有同学会说:"夸人谁不会,只要我愿意,肯定能把谁都夸得心花怒放,关键在我愿不愿夸。"事实果真如你所想吗?你真的擅长夸赞别人吗?我们先来看一个真实案例。

【案例】

这个案例故事的主角叫Jack,毕业于某理工类大学。他曾是世界五百强IT行业龙头企业M集团的优秀高管,后来自主创业,成就了相当不错的事业。Jack在大学时,他的最高梦想就是有朝一日能加入国内著名IT企业L集团。为了进入L集团,他从大一就开始精心准备,功夫不负有心人,最终Jack成功进入了L集团。入职后,他十分珍惜来之不易的机会,超常努力,厚积薄发,做出了全国名列前茅的业绩,于是被升职调到北京总部。当一个人的能力提升到优异层级之后,他遇到的机会将几何级增长。不到三个月,他就被世界五百强IT龙头企业M集团挖走了。入职M集团后,他信心满满,甚至还有些小傲娇,但没想到入职培训给了他当头一棒。在入职培训时,Jack首先被邀请参与一个游戏,游戏规则是在不知道任何背景信息的情况下,连续一小时不停顿且不重复地夸赞一位女士。Jack心想:小意思嘛,夸人谁不会啊,尤其是夸漂亮的女士。可结果并非如此,虽然Jack的语言表达等多种能力已经很优秀,但10分钟之后,他已经夸到才尽词穷,张口结舌,不断出现重复和间断;20分钟后,进入语无伦次的状态;30分钟后,他已经扩展到把对方亲朋好友甚至邻家男孩都夸完了,最终无话可说,不得不停止。游戏结果让Jack清晰地认识自己的某些能力有待提升,于是接受了M集团的培训。而这一次入职培训,成为他另一段成功事业的开始。

M集团曾联合多家机构共同研发设计了关于"高效赞扬"的科学方案。赞扬一个人,首先需要精确而量化地拆分赞扬目标,把赞扬对象分为内在和外在，然后把内在和外在特征，再细分为 200 余个赞扬目标。

各位同学，由于目前你们面对的还不是商界精英林立的职场竞争，暂时不需要完成如此高难度的训练。因此，我们对 M 集团的方案做了优化和简化，不用赞扬 200 余个目标，而是仅涵盖了一个人内在和外在特征的 29 个目标。下面介绍赞扬目标的拆分与运用。

夸赞一个人的外在，可以先夸面部分项特征，例如眼睛、眉毛、鼻子、耳朵、嘴唇、额头和头发等 7 项，然后夸综合面容，随后夸身材分项特征，例如肩、手、腰、腿等 4 项，最后再夸夸综合身材，共计 13 项。

夸赞一个人的内在，主要针对十几个特征，例如善良、温柔、宽容、豪爽、诚信、聪明、智慧、灵气、毅力、定力、魄力、魅力、亲和力、洞察力、执行力和领导力等共 16 项。

那么，如何运用 29 个赞扬目标，转化生成让人快速愉悦的能力呢？先给大家介绍一个能力形成的重要原理——万物都是元素组合的结果，人的能力也是各种能力元素组合而成。人们训练某种能力，都是先训练掌握能力元素，再训练掌握能力元素的组合，最终训练掌握能力元素的拆分组合。如果这三个阶段你都做到了，对应能力也就形成了。

赞扬能力的元素就是针对 29 个赞扬目标的具体赞扬内容。需要先创作内容，然后进行从分项到综合的运用训练，直到充分掌握，灵活运用。

分析了赞扬能力的形成原理，那么该怎么训练呢？如果在没有基础能力的情况下，随便找一个人，按照 29 个目标进行赞扬，例如某同学忽然开始以父母为对象，进行赞扬训练，也许刚赞完一个目标，爸妈就会很关切地询问："是不是这个月开销太大了，需要给你转点账啊？"或者找个异性朋友练习，也许还没夸几句，对方立刻打断："我等你开口好多年了，你别说了，先听我倾诉倾诉……"或者找个同性朋友认真夸几句，对方可能会带着迷茫问："你是不是做了啥对不起我的事？"

大家不信可以去试试看，各种画面可能会"美到难以描述"。那到底该找谁进行训练呢？此时仍然要依靠之前组建的高级协同团队，大家一起来训练赞扬能力。其他团队成员在听你尚不成熟的认真赞扬时，会是什么感觉呢？当然会感觉奇怪，甚至会鸡皮疙瘩洒满地。但是没关系，因为他们忍受你的"赞扬"之后，你也会忍受对方的"赞扬"。整个训练过程，将在互相忍受、指导和支持的团队协作中循环推进。

很多同学总是不好意思夸人，要么说不出口，要么夸着夸着自己先笑翻了。这种情况只需多练习，即可解决。还有一些同学由于自我感觉很优秀，总以自身的高标准与人比较，只要比不过自己的人，都不会去赞扬。其实赞扬的作用远不仅是比较。众所周知，很多场景下，情商的威力大于智商。因为智商再高，也只是自己一个人的智商，而情商则是调用更多人智商的能力。赞扬别人，往往会让对方由于愉悦而愿意支持你，从而让你可以整合超越自我的力量，去实现目标。善于夸人是高情商的重要特点，所以无论自己多么优秀，也需要学会赞扬别人。

在团队环境中训练赞扬能力的基本方案如下：

（1）基于高级协同团队组建不少于4人的高频特训小组，专项进行高端能力特训。小组中应有异性，才能确保对异性赞扬的正确判断与有效训练。

（2）将29个赞扬目标，平均分配给小组成员。每人独立创作文本内容（100~300字/目标），直到自我感觉有效果且不令人反感。

（3）对其他成员进行赞扬阐述测试。团队所有人必须对其他成员的表现进行客观评价并提出改善建议。

（4）每人根据其他成员评价和建议进行多轮改进，直至所有人对内容评价良好。

（5）小组所有人将29个目标的赞扬文本背诵达到流畅阐述的程度。但这只是赞扬能力的初步训练。将未达到80%成熟度的赞扬能力投入社会群体中运用，高概率会产生排斥。这是社会群体对不成熟高端能力的自然反馈。

（6）小组成员进行模拟社会群体的内部训练，直至所有人评价良好。当通过多轮模拟训练，将赞扬能力提升到80%以上成熟度之后，再投入社会群体中运用，高概率会产生好感，这也是社会群体对成熟高端能力的自然反馈。

（7）团队成员进行社会群体实战演练，直至达到100%成熟度。当模拟社会群体训练阶段结束后，团队成员将进行社会群体实战演练。例如，找一个曾经与你彼此看不顺眼的人好好夸他一回，他多半是先惊奇，后惊喜；你再认真夸他一回，他也许就兴奋不已了；当你诚挚地夸他第三回之后，他就忘不了你了，几天不见你，都会特别想你，会情不自禁到处找你……这就是正常社会群体被拥有成熟赞扬能力的你所激发的良好情感效应。由于你已进入了正常人都会产生正面反馈的能力状态，因此，你将会满载自信地不断使用这种能力，从而越用越强。

4.3.2.2 幽默模块训练

在赞扬能力训练完成后，就可以开启另一项能够迅速让别人愉悦的能力——幽默。幽默是激发快乐的重要方式,其表现形式多种多样。因此,具备幽默特质的人,往往能迅速让人产生好感。即使初次相识,也能很快消除戒心和融通情感。另外在某些特殊场合,还有助于缓解摩擦、消除敌意和化解矛盾。幽默能力也通常被认为是情商的重要构成要素。

据统计,一个人展现幽默的主要方式是讲笑话。很多人长期处于听别人讲笑话,享受他人幽默的状态,而自己要么很少主动展现幽默,要么展现幽默不到位,总形成尴尬情景。相信所有人都希望能做到言论风趣、谈吐幽默,但大家一般都认为幽默是一种可望而不可求的天赋。其实,幽默是一种可以遵循科学方案迅速培育的能力,其重要步骤,按通俗说法,就是训练讲笑话能力。先

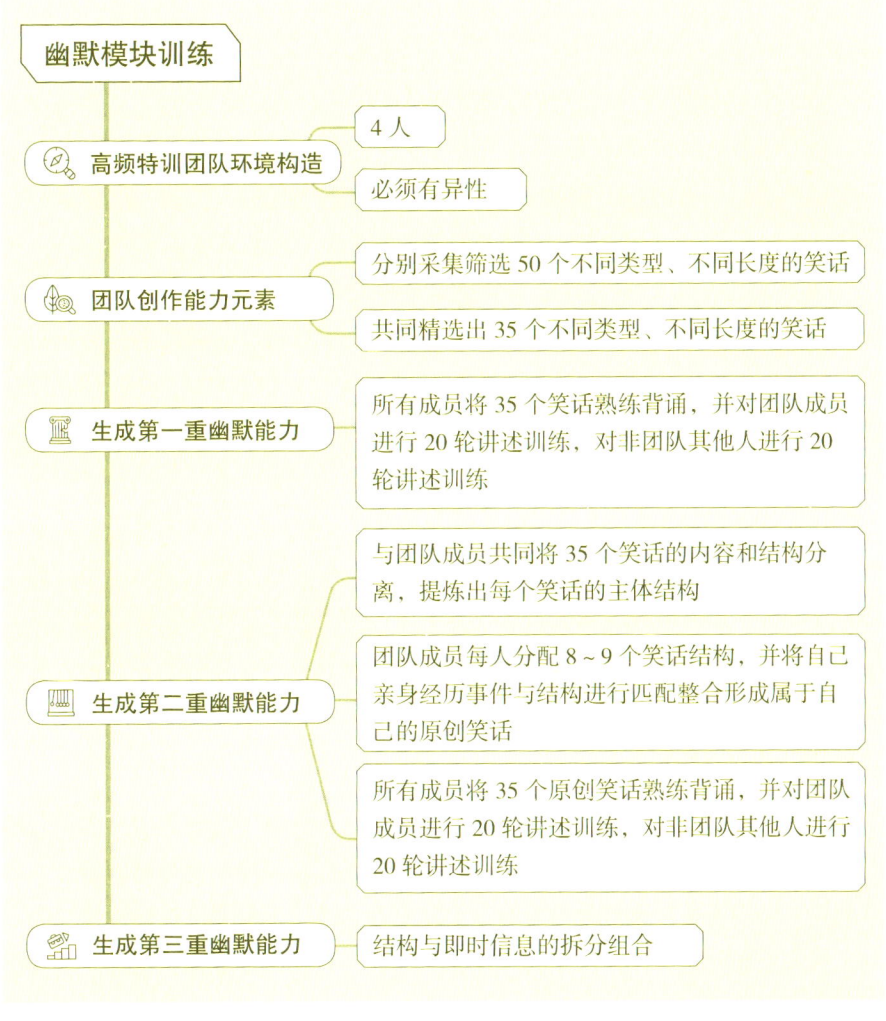

训练单个笑话的讲述，再训练多个笑话的拆分组合，最后训练运用各类笑话的逻辑结构装载与表达日常信息，即可自如绽放幽默之风采。

训练讲笑话的第一步是储备笑话。我们回想一下，从小到大，听过 1 000 个笑话吗？有同学会说没有，其实，我们听过的笑话一定超过 5 万个。一部电影中至少有 20 个笑话，一台联欢晚会至少有 200 个笑话，如果再加上看过的小说、追过的网剧、听过的故事、刷过的视频等，我们不知不觉间享受过的笑话早就成千上万了。但是，我们现在能完整记忆和流畅讲述的笑话有多少呢？也许有 10 个就很不错了。这样的数量是远远不够的，因此，我们第一步是储备笑话，基本方案如下：

（1）延续或者新建 4 人以上的高频特训小组，小组中应有异性。

（2）小组成员根据自我判断，认真采集精选 50 个不同类型和长度的笑话。然后，汇总所有人搜集的笑话，共同精选出 35 个笑话。

（3）每个人把 35 个笑话背诵到滚瓜烂熟，并对团队成员进行 20 轮讲述训练，再对团队之外的其他人进行 20 轮以上讲述训练，直到所有人都评价这 35 个笑话的讲述十分流畅，确实幽默。至此，小组成员拥有了第一重幽默能力，即能在各种场合，灵活自如地讲述 35 个优质笑话，迅速令人开心。

（4）小组成员共同将 35 个笑话的内容和结构分离，提炼出每个笑话的主体结构。每人分配 8~9 个笑话结构，并将自己亲身经历的幽默事件与结构匹配整合成属于自己的原创笑话。所有成员将 35 个原创笑话背诵到滚瓜烂熟，并进行 30 轮以上讲述训练。至此，小组成员就拥有了专属自己的特色笑话，从而将幽默能力升级到了第二重。

（5）当小组成员把 35 个笑话结构与自身事件融合运用到纯熟之后，可以开始尝试将日常生活中所遇事物信息快速提炼，融入已掌握的笑话结构，进行即兴表达。我们如此坚持训练 500~700 次，即可初步达到随机拆分组合笑话结构与生活场景，随时创造幽默段子的水平。这就是第三重幽默能力，也是我们生生不息的幽默源泉。

4.3.2.3　唯美模块训练

能够迅速让人产生愉悦感而传递的三种信息中，除了赞扬和幽默之外，还有第三种：唯美信息，这是让人迅速产生美的感受、遐想甚至震撼的信息。当我们在人际沟通中传递这种信息时，会让对方怦然心生更深层次的愉悦。

唯美信息有很多种，如宇宙银河之浩瀚，历史长河之璀璨。但很多唯美信

第 4 章 核心通用能力高效优化

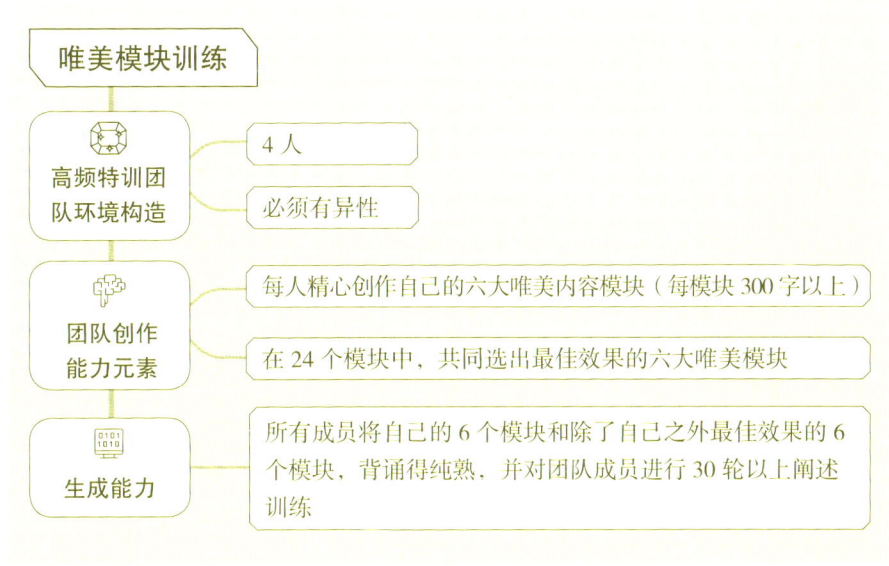

息、难以用语言传递，或者只能激发少数人的美感。因此，我们必须寻找能够让大多数人快速愉悦的唯美信息。因此，本书从各种唯美信息里甄选了具有普适效应的六类主题信息：家乡、童年、理想、友情、亲情和爱情。对于这六类信息，只要我们讲得足够美，一定可以激发绝大部分人的唯美愉悦感。

家乡和童年往往紧密相连，因为大多数人的童年都在家乡度过。家乡的山水美食、人文风俗和母校同学等，都在我们内心深处凝聚着美好情感。对自己家乡景物与故事的唯美阐述，往往也能牵动其他人的美好共鸣与遐想。

童年，在大多数人回忆中都是纯真无瑕，希望洋溢的温馨时光，即使偶有伤心难过，但更多是欢声笑语。而且，对于年龄相近的人，童年都有着相似的快乐来源，同样喜爱的玩具、美食、电影和游戏等等。因此，我们对童年关联事物的唯美阐述，很容易引发听众的美妙同感。

家乡和童年话题激发的是对过往的美好回忆，而理想话题则是激发对未来的美好期望。每个人都有无数理想，那些最初、最新和最美的理想，总能激荡心灵，照耀人生，而且连接着充满希望的未来。因此，关于理想主题的唯美阐述，通常能激发听众更强烈的愉悦感与振奋感。

亲情、爱情和友情是人类情感世界的核心支柱，也是我们快乐与幸福的源泉。从本质来看，每个人的奋斗，都是为了提升亲情、爱情与友情的美好程度！抒发这三类情感的经典文学、艺术与影视作品不胜枚举，一直都是人类娱乐的重要资源。所以，关于它们的唯美描述，很容易吸引他人并激发愉悦感。

唯美阐述能力的基本训练方法如下：

（1）每个小组成员根据自身经历与感受精心创作六大主题的阐述文稿，并尽力优化到最好。

（2）小组全体成员投票选出创作质量最高的家乡、童年、理想、亲情、友情和爱情六大主题内容。

（3）每个小组成员将自己创作和共同选出的六大主题阐述内容背诵到纯熟，并对小组成员进行30轮以上阐述训练，达到随时可以声情并茂，流畅表达的程度。

愉悦感激发就是通过赞扬、幽默和唯美三种信息的组合传递而达成。我们可以在人际交往的不同阶段与场景，选择其中一种或者多种综合运用。

所有复杂任务训练在初始阶段都会感觉困难，只要我们按照科学方案坚持完成足量练习，很快就能基本掌握，并逐步达到炉火纯青。

4.3.3 价值感激发训练

实现人格魅力第一重——愉悦感激发，会让你迅速成为一个能给别人带来欢乐的人。但仅仅令人愉悦还不够，因为这能让人更愿意和你交往，但不一定愿意在自己的重要任务中与你合作，也不一定愿意为你的重要任务提供实质性的支持。例如，你身边的那些"开心果"朋友们，你愿意投入资源支持他们的事业吗？答案往往是否定的。但你肯定愿意将资源提供给一些你认为足够"优秀"的人，能够让你感觉优秀的人一定是会某种程度给你带来"价值"的人，你对他们进行资源支持，将来才有可能实现"价值最大化"。

由此可见，在第一重愉悦感激发之后，更重要的是能够激发人格魅力第二重——价值感。什么叫价值感？当你和其他人沟通交流时，你经常会给对方传递一些高价值的知识和经验，让他感觉会对未来人生或者职业发展带来帮助。此时，你就会激发对方的价值感。价值感是超越愉悦感的更高一重的人格魅力。

为了说明愉悦感和价值感之间的关系，给大家举一个例子：假设你最近认识了一位新朋友，他能说会道，幽默风趣，和他相处时总感觉快乐舒心，此时，他已激发了你的愉悦感。然后，你得知他在多年前，曾经是一个性格内向，还有点口吃的人。但他正视自身先天短板，为了彻底改变，他设计了特殊方案，并进行了坚持不懈的刻苦训练，最终解决了口吃问题，练出了好口才，还优化了性格。他的这段经历肯定会让你油然而生一种超越愉悦的好感。又经

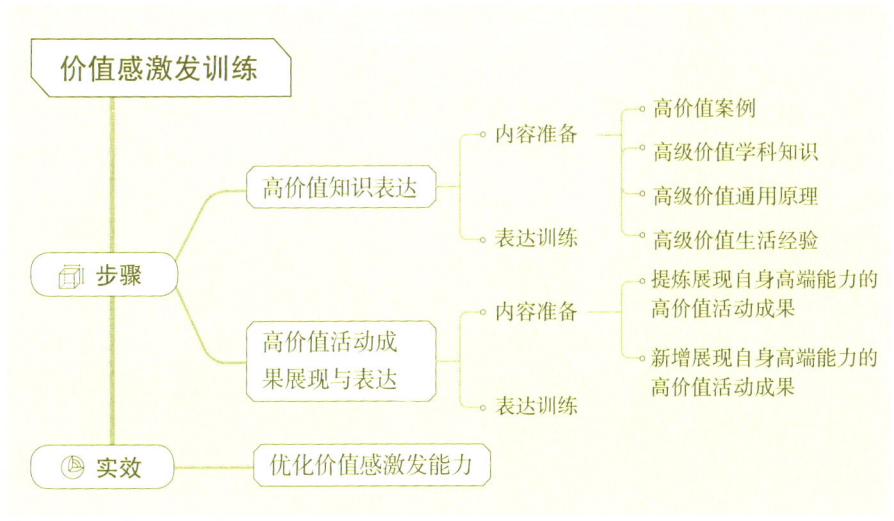

过一段时间的接触,你发现他运用锤炼口才的模式,加之不懈的毅力,在另外两件较高难度的事情上也取得了成功,因此,他在你心目中的地位必然提升。你会认为他比一般人更能创造价值,更高概率会有光明前程,与他合作更容易彼此成就,你的潜意识会驱使你愿意与他成为合作伙伴或者好友。此时,他已激发了你的价值感。

激发价值感,我们需要有效表达两类信息:

(1)第一类信息是高价值知识表达。此类信息又分为四种:高价值成功人物和组织案例、高价值学科知识、高价值通用原理和高价值生活经验。

某个人或组织历经艰险、跌宕起伏,最终成功的奋斗故事及其蕴含的逆袭规律,不仅能够引起各类人群的兴趣,而且还总能带来人生启发,从而让人感觉收获了价值。

所以,同学们应该精选6个以上人物和3个以上组织的成功案例,进行内容提炼后,熟记并练习达到流畅表达的水平。如果能够以此为起点,长期坚持,不断汲取典型成功案例之精华,必定可以激发他人价值感,同时还可以让自己源源不断地收获价值。

对于高价值学科知识,我们应该按照第3章"学科知识能力培育"所述的知识结构要求,在掌握对应多元学科知识,并提炼包括本专业在内的3~4个学科的部分精华内容,熟记并练习达到流畅表达的水平。

高价值通用原理是指在日常交流的很多场景都会涉及的一些社会现象对应的深层次原理,例如:奋斗、自信、价值、财富、快乐、幸福、世界、核心竞争力、边际效益、马太效应、机会成本、二八原则和创新创业等,但大多数人却没有深层理解,更无法透彻阐述其中的特定专题。如果我们认真提炼总结 50~80 个此类覆盖多领域的专题内容及其深层次原理,同样熟记并练习达到流畅表达水平,那么在未来各种交流场景中,当你对某个话题触及本质的阐释,将令旁人对你刮目相看、印象深刻。并且,理解这些本质原理,对各位同学的自身发展也是大有裨益的。

高价值生活经验主要涉及我们生活享受的方方面面:衣食住行、琴棋书画、健身美颜等。由于这些活动都是人类本能所爱,因此很容易让人关注。如果你能总结一些可以提升享受效率与品质的独到经验,自然能让人迅速感知价值。这四类信息的搜集、整理、优化和阐述训练,可以参考前面的小组特训模式。

(2)第二类信息是高价值成果展现与表达。这是可能产生最高影响力和吸引力的价值信息。例如,大学很多讲座门可罗雀,但总有少数专家的讲座,无论在哪个大学都是人山人海,座无虚席。他们未必幽默,也不一定讲唯美故事,但他们的魅力仍然如此强大!根本原因是这些专家拥有真正属于自己的卓越成就。而一个人剖析、分享自身奋斗所创造的闪耀成果,对其他人的吸引力是无比巨大的,因为传递的是最真实的成功之道。

虽然大多数人还没有实现卓越成就,但只要仔细分析,在我们的人生经历中或多或少一定有值得骄傲的高价值成果。只要是通过竭尽所能或突破极限的努力,在某一高价值目标方向的艰苦奋斗经历和所获最大成绩,都是属于自己的高价值成果。

对于尚未功成名就的大学生们,可以通过总结与表达自身在某个领域思考与行动的最大成果,展现炽热坚定的追求和不同寻常的潜力。而一个人在某方面未来成就的高度,往往决定于当前追求与潜力的强度。

所以,我们主要通过表达两类高价值成果信息,激发他人的价值感,主要通过:

① 展示自己对某领域创造价值规律的深度研究成果;
② 展示自己在某领域创造价值的最优实践成果。

社会体系是由政界、商界和学术界所构成,创造价值的领域也与之对应。大学期间,我们很难直接在政界创造价值成果,但在商界和学术界,则都可能通过努力收获研究或实践成果。例如,我们组建团队深度研究某行业龙头企业的两个职能部门的运作情况,提炼其核心优势及原理。由于很少有人能对这种复杂事物进行深度研究并总结关键规律,因此在日常社交中,此类内容比较稀缺。如果我们能恰当展示自己对某个领域创造价值过程的深度研究或最优实践成果，一定会引人注目并获得欣赏，从而有效激发大多数人的价值感。

上述两类成果的展示，将迅速让你从普通大学生中脱颖而出，成为百里挑一甚至千里挑一的"优秀潜力股"。同学们即使没有经历过此类高度复杂的活动，也没关系，因为本书相关章节有专题讲解，会指导大家通过参与相关项目收获深度研究与实践成果。

人格魅力貌似玄妙不可捉摸，但其本质作用过程是非常科学的多重连锁心理反应，是运用优秀语言能力传递和表达两类具有强大影响力的特定信息，从而逐步吸引他人，获得他人支持的过程。异性之间的彼此吸引只是人格魅力的一个小小分支，我们需要迅速培育的是完全超越单纯形体魅力的高层次人格魅力，因为这种力量能让芸芸众生、王者英雄都"偏偏喜欢你"。

4.4 执行能力优化特训

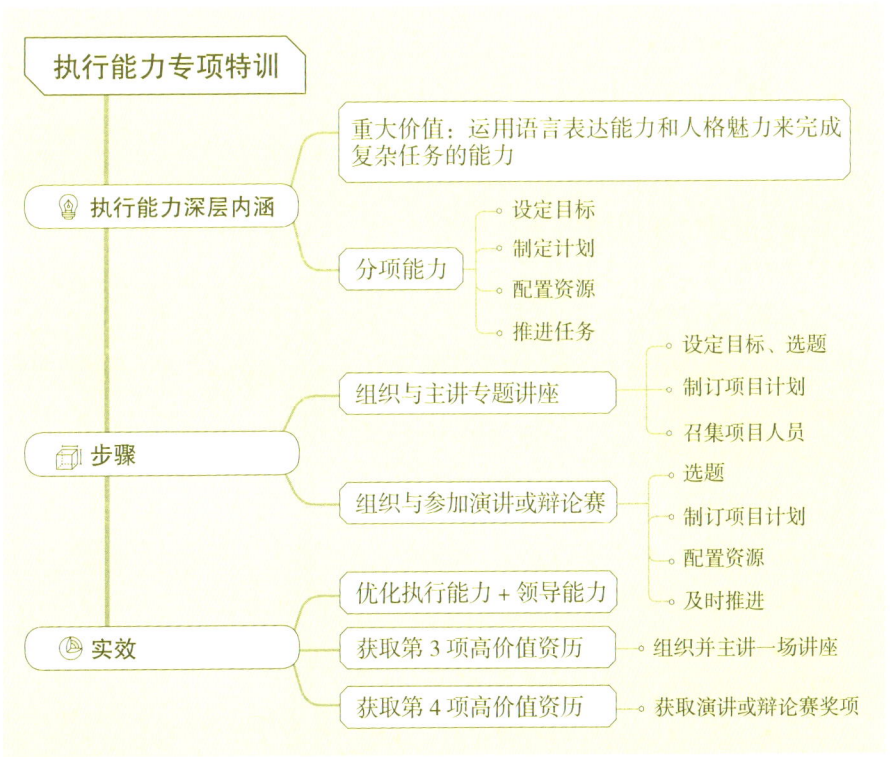

语言表达能力的价值是传递和表达信息，人格魅力的价值是通过传递和表达强大影响力的信息来吸引、整合他人的资源和力量。那么，吸引整合他人的资源和力量的意义是什么呢？就是完成任务。

人类活动分为创造价值和消耗价值两类，任务就是创造价值的活动。大学生日常完成的绝大多数任务都是一些简单任务，平均不超过10个步骤。然而，高价值的任务往往都更为复杂，例如，绝大多数职场中工作中的任务都是一些复杂任务。企业创造财富的过程就是由无数任务所构成的一个庞大复杂任务体系。这些任务的步骤数量少则几十，多则上百个，并且难度系数也呈倍数级提升。完成复杂任务的能力就是执行能力。

语言表达能力可以让别人理解你，人格魅力可以让别人喜欢你，但只有将理解与喜欢转化为成事的资源，通过优秀的执行力将重要而复杂的事情真正做好，才能为自己和他人创造价值。

因此，在大学期间同学们需要通过专项训练提升针对复杂任务的执行能力，从而以远超自然发育的速度，高效提升执行能力。

执行能力也是由一系列的分项能力所组成，包括设定目标、制定计划、配置资源和推进任务四部分。完成一项复杂任务，首先需要设定目标，很多任务在初始阶段都处于模糊和混沌的状态。我们需要全面分析任务要求等相关信息，从模糊和混沌状态中提炼和设定可用数据描述的总目标，然后在任务总目标与任务初始状态之间，制定多个步骤。所谓步骤，是指达成目标需要做的具体事。从任务初始状态到最终目标状态之间，找到需要完成的每一个必要活动。这些活动都完成，就能实现最终目标。每一个必要活动就是一个步骤。而完成每一个步骤，都需要投入资源，比如需要多少人、多少时间、多少资金、多少工具等各类资源。我们应该确定每个步骤所需资源，并及时按需求采集与投入，从而推动完成各个步骤。最终完成每个步骤，达成总目标。这就是执行任务的过程。

快速训练执行能力的方法，就是实际执行一定量的高复杂任务。而且，由于完成高复杂任务，不仅需要执行能力，还需要综合运用心理能量、思维能力、语言表达能力、人格魅力等几乎所有核心通用能力，所以在通过特定复杂任务训练执行能力过程中，必然同步训练强化全类核心通用能力。

对于执行能力，我们采用与领导能力统合训练的模式。具体方案将在介绍领导能力优化原理之后进行讲解。

以下简单举几个复杂活动的例子：

首先是主题讲座训练任务。这个任务具体来说就是让一位同学自己去组织并主讲一场主题讲座。大学里每天都有很多讲座，主讲人有本校老师、外校学者、成功企业家、社会名人等，甚至名牌大学可能一天有好几场精彩讲座"扎堆"，让很多上进的同学痛苦于取舍之中。这种烦恼只是作为一个听众的角色，如果让他去组织一场这样的讲座，甚至还要自己来讲，相信绝大多数同学都会认为是不可能完成的任务。但我们可以依靠团队完成此任务，挑选团队中语言能力最出众的同学进行主讲，其他人可以配合讲或仅完成辅助活动。

我们按照前面讲的完成任务的流程稍作梳理：

（1）设定目标：团队开始讨论，比如总目标是某年某月某日在某场地，举办一场主题讲座，主讲人是张同学。题目可以选择和大学最优发展原理相关专题或者热点事务相关专题。总目标确定后，将总目标分解成多个小目标，比如讲座时间、地点的确定，讲座听众邀约目标的确定，讲座内容的准备等，直到拆成最小可执行的目标为止。

（2）制订计划：要达成这些目标，就要把完成每个最小可执行的目标细化到"做什么""谁适合做"等，并详细列清楚，然后将这些事情按照时间顺序放在不同步骤里面，形成一个项目计划。

（3）配置资源：梳理主讲人或者团队成员有哪些人脉、资源可以协助这些任务，并与各个步骤中的目标匹配好。在执行这些步骤时，及时运用资源辅助。

（4）推进任务：目标和计划确定后，就要按计划执行。遇到问题应快速响应并及时推出应对方案解决问题，确保实际推进效率满足计划要求。

需要提醒的是，活动执行中的过程文件需要及时保存，完成后的效果也需要通过媒体报道的文字、过程图片和视频等方式记录。这些记录才能成为将来佐证自己具备某些高端能力的高价值资历。团队通过组织并完成一场讲座，可以获取第3个高价值资历。

另外，还可以组织与参加演讲赛和辩论赛（单人辩论或者团队辩论），如果只是作为选手参与，任务重点是根据题目准备内容并熟练掌握。如果为了挑战更高难度，可以自己来组织团队，迎接更大的挑战，完成后能力提升得更快，同时收获也更大。团队通过获取演讲或辩论赛奖项，可以收获第4个高价值资历。

需要强调的是，同学们参与此类活动，千万不能抱着"重在参与"的态度进行。一旦有这种心态，那么面对苦难的勇气和克服困难的决心都会打折，对于能力训练没有好处。特别是参加竞赛性质的活动，要努力争取获得好名次，因为名次是优秀程度的一种实证。否则，只是出来"打个酱油"，这种经历的价值会大幅度降低。对于非竞赛性质的活动，既可以通过活动举办时现场反馈材料，也可以用活动执行后的正面影响记录来佐证。

4.5 领导能力优化特训

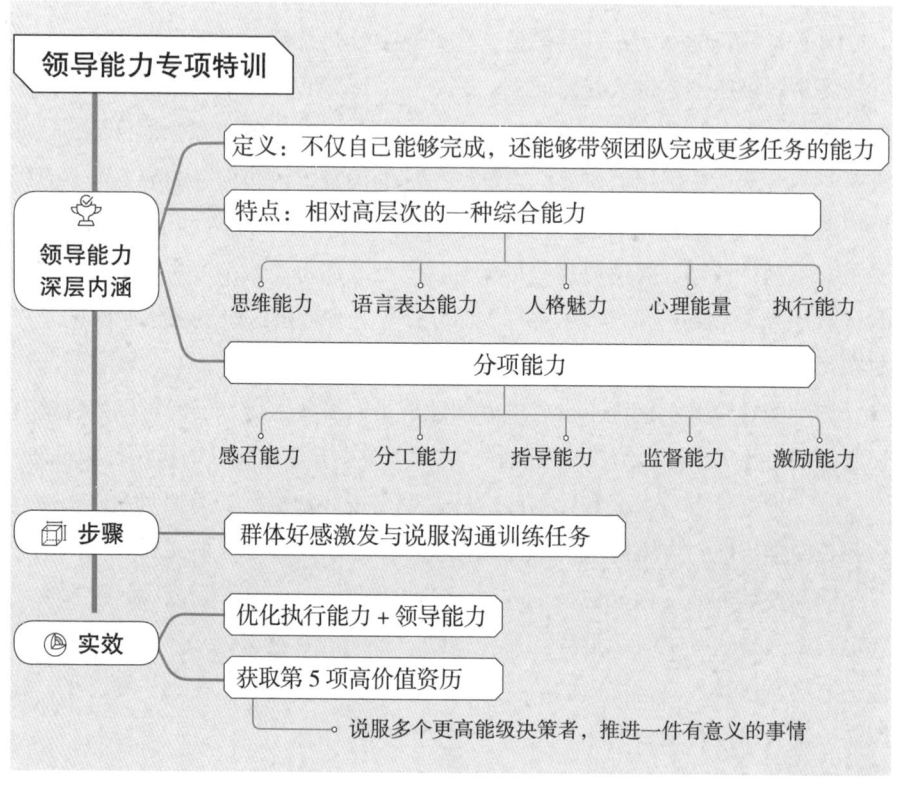

执行能力是一个人完成复杂任务的能力，而不仅自己能够完成，还能带领团队完成更多和更大任务的能力就是第六种核心通用能力——领导能力。那些仅有执行能力的人，再强也只是寂寞高手，而具备优秀领导能力的人，则是更高水平的将帅之才。

领导能力具有很大的影响效应。当一个人的领导能力足够优秀时，很容易被其他人快速感知，即使他另外的高端能力还没有被人发觉，却往往会被默认为其他能力都很优秀。这是因为领导能力是既有自身特性，同时又融合了另外五种核心通用能力的最高层次能力。

组织中的领导行为，主要是通过对组织成员进行感召、分工、指导、激励与监督，从而让更多人与自己一起完成任务。由此，领导能力可以分解为感召能力、分工能力、指导能力、激励能力与监督能力五种分项能力。

下面简析领导能力的作用原理和训练方法。

领导的对象是团队。领导行为的第一步是吸引与凝聚团队，而感召能力就是吸引与凝聚团队的能力。

每个人在面临多条路径时，都会选择价值回报相对最高的方向。尤其对于有难度的复杂任务，一般人往往在认为价值足够大并且可能实现的情况下，才愿意参与。除此之外，当一个人展现出某种优秀的高端能力时，更容易吸引他人参与复杂任务。其实质是因为多数人都本能地倾向于靠近和跟随强者。所以，感召能力，主要通过两类方式发生作用：①阐释任务的价值回报与可行性；②展现自身高端能力。而我们也将从这两方面进行感召能力训练。

由于某个人的感召，大家初步凝聚成团队，带着热情与期望投身任务。然后将总任务分解为若干分项任务，并根据团队成员的能力状况进行合理分配。这就是领导行为中的分工。

分工之后，团队负责人需要做两项工作：①通过讲解与训练，让团队成员掌握每个分项任务的相关知识与执行方案；②任务执行过程中为团队成员持续解析与支持。也就是培育团队成员针对分配任务的执行能力，并给予全程辅助。这就是领导行为中的指导。

领导者通过指导让团队具备了完成任务的能力，虽然很多人能力到位，但是由于任务进程中出现疏忽、误判、贪玩和懒惰等原因，不能及时达成目标。因此，领导者还应该按照一定频率与标准对团队成员执行任务中的每个步骤进行监控与督促，这样才能确保最终完成任务。

团队成员在复杂任务执行中，难免会因为干扰和顾虑而情绪低落、动力不足。也会由于困难和挫折而信心受损，甚至气馁绝望。所以，领导者必须给予团队成员及时与足量的激励，以优化情绪、提振信心，让成员始终保持积极状态。激励模式分为精神激励与物质激励。在大学活动的领导过程中，应以精神激励为主，通过认可、赞扬、表彰和授权等多种方法都可以产生激励效果。

领导者就是综合运用感召、分工、指导、监督与激励这五种分项能力，带领团队完成复杂任务的高级行为。

由于在各种活动中，领导与执行两种行为总是融合交织，相辅相成，所以我们通过典型复杂任务，将这两种核心通用能力进行统合训练，可以实现事半功倍的良好效果。

根据大量实例研究表明，在大学环境中深度参与过某些复杂活动的学生，其执行与领导能力会明显提升。因此，我们将这些复杂活动集成转化为如下三个项目进行执行与领导能力的整合训练：

项目一：组织与主讲所学专业或感兴趣专业的主题讲座。

项目二：组织与参加演讲或辩论赛。

项目三：群体好感激发与说服训练。

以上每一个项目的完成过程都需要15人以上的团队，30多个步骤，10多种资源。在项目特训中，团队成员应该分阶段轮流担任领导者，从而确保每个人的执行与领导能力都能得到充分的训练。

同时，此特训项目还兼顾强化训练了学科知识能力、思维能力、语言表达能力和人格魅力。

因此，完成三项特训的同学，不仅执行与领导能力可以大幅度提升，而且其他核心通用能力也会进一步优化。同时还收获三项高价值资历：

（1）组织并主讲主题讲座。

（2）获取演讲或辩论赛奖项。

（3）说服多个更高能级决策者，推进一件有意义的事情。

本章简要讲解了核心通用能力的培育原理与方案。最后再次强调，无论大家的职业发展通往哪个领域，核心通用能力都将伴随和贯穿你的整个职业生涯，对你的事业将产生深层和持续的促进作用。因此，希望各位同学高度重视并用心训练，进而凭借优秀的核心通用能力，实现职业与人生的高层次发展。

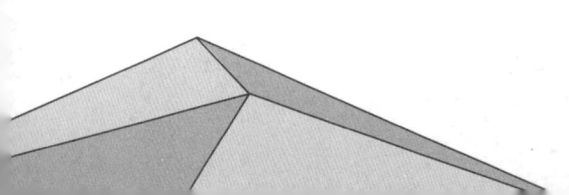

第 5 章　企业职务能力高效优化

5.1　企业职务能力培育原理

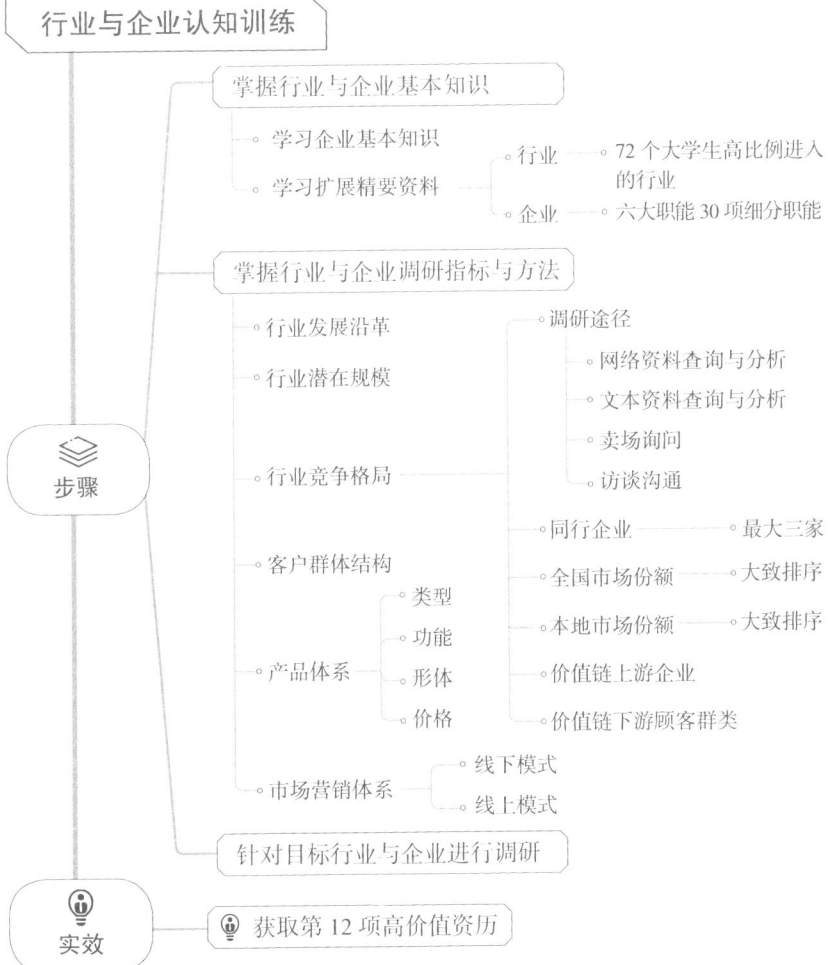

高端能力体系中第三类能力称为企业职务能力，是为企业各职能部门直接创造价值的能力，其实质是企业职务知识与核心通用能力的融合。想要透彻了解企业职务能力，需要先认知企业结构和企业任务。

经济系统是社会体系的核心构件，由多个行业交织而成。每一个行业就是经营一类产品的企业群。企业是所有行业和整个经济系统的细胞，也是整个社会发展的动力源泉。

企业是追求和创造财富的组织，其本质由两部分所构成，一部分是创造财富的任务，另一部分是负责完成任务的人员。而企业创造财富的任务，按照职责与功能一共划分为六大类型，分别是产品研发、生产服务、市场营销、人力资源、资本财务和综合行政。六类职能任务和负责完成每一类任务的人员分别匹配组合形成了六大职能部门。全球共4亿多家企业，中国有超过3千万家企业，这些企业都是由六大职务部门所构成。每个部门的团队，通过执行和领导，持续完成企业任务，从而使企业不断地创造财富，生生不息、蒸蒸日上。

与六大职能部门相对应，企业职务能力细分为六类分项职务能力：产品研发能力、生产服务能力、市场营销能力、人力资源能力、资本财务能力和综合行政能力。由于整个企业界是由96个行业所构成，六大类职能任务与不同行业的财富创造流程相结合，既有一定共性任务，又有专属于本行业的特性任务。因此，每一类企业职务能力对应包含企业通用职务能力和行业专属职务能力两种。比如同样是市场营销，互联网行业有约25%任务是相同的，但其他75%任务却有很大差异。

企业针对应届生进行招聘测试的18项能力指标中，有2项指标就是企业职务能力，而且权重占比非常之高。由于在高校日常环境中，缺乏企业职务能力的训练场景与资源，所以大学生这一能力往往非常薄弱。这也是很多"硬件"优越的名校同学在"校招战场"上被学历背景远不如他的非名校学生一举超越的重要原因。

在三类高端能力中，企业职务能力是在天然环境状态下最难训练的能力。正如之前章节所述，某种能力的强弱关键在于我们投入多少时间从事此项能力对应的活动。大学生的企业职务能力之所以难以锤炼，主要是由于我们参与企业任务级活动太少。因此，参加企业任务级活动，是提升企业职务能力的重要方法。为了在有限资源条件下，大幅度提升同学的企业职务能力，万学教育高级教研中心联合300多家行业龙头企业，提炼设计了四个特训项目，每个项目均整合了多项典型企业任务。各位同学只要认真完成其中70%以上任务训练，即可快速提升企业职务能力，达到同龄人中的优秀水平。

四个特训项目分别为：行业与企业基本知识学习、行业与企业调研训练、产品与营销改进训练、品牌推广训练与营销实施训练。接下来我们将简要讲解各项目的执行方案。

5.2 行业与企业基本知识学习

培育企业职务能力的第一步是基本知识学习。行业与企业相关理论超过1万个知识点，研究与掌握如此庞大的理论体系是企业管理学家的任务，而我们在校期间根本不需要掌握这么多知识点，大家只需了解160多个核心知识点，就能掌握完成四项特训任务的所需知识。

首先，各位同学通过万学教育提供的"企业职能解析通稿"，快速认知社会经济系统、行业体系、企业结构与运作原理、企业六大类职能和30项细分任务等基本理论，从而轻松高效地掌握行业企业必要知识。然后，各位同学再通过"行业解析通稿"进一步认知各个行业的分类概况。中国有超过三千万家企业，根据经营产品类型不同划分为96个行业。每一个行业就是一类企业群。绝大多数大学生毕业后进入其中72个行业。这72个行业的主体结构、运营模式、发展前景和典型企业等信息，就是我们需要了解的内容。

如果按照传统方式去学习，可能需要超过500万字的信息量，而通过"企业职能解析通稿"与"行业解析通稿"的精炼文本，只需不超过十万字内容，即可对行业与企业基本知识实现快速体系化学习，为顺利执行后续特训任务，奠定适度理论基础，从而有效提升企业职务能力的成长效率。

5.3 行业与企业调研训练

在快速完成基本理论的学习之后，我们需要启动行业与企业简化调研项目，也就是通过最简单的企业级任务实践，培育初始企业职务能力。主要方式为参考万学教育提供的"企业快速简化调研报告模板"，针对任一行业的典型企业，调研下表所示两类六项指标：

典型企业简化调研指标

一级指标	二级指标	三级指标
1. 行业概况	1.1 发展沿革	发展阶段：萌芽期、蓝海期、红海期、垄断期、衰退期。基于社会生产力发展的不同，不同行业的发展阶段及周期也会呈现出依附于社会生产力时代特点的行业发展阶段，以零售行业为例，其发展大致分为：工业时代、电商时代、移动时代、数字时代。在进行行业发展阶段信息调研时可以"时间线""事件线"和"社会发展趋势线"等作为归纳总结行业发展阶段的依据
	1.2 行业格局	1.2.1 产业环境：产业政策环境、产业经济环境 1.2.2 产业链布局：上游＋中游＋下游产业链架构 1.2.3 行业规模：资产总值、近年总产值、从业人数、产品产量 1.2.4 市场格局：市场份额、分布 1.2.5 供求状况：消费者与企业生产产品的供需情况
	1.3 发展趋势	1.3.1 行业政策：宏观经济政策，区域发展政策 1.3.2 定位及趋势：要素集约度（资本、技术、劳动、知识 资源密集型）
2. 企业概况	2.1 产品体系	2.1.1 产品品牌 品牌规划定位：战略定位、发展目标、文化内涵、命名、广告语、品牌故事、代言人 2.1.2 产品介绍 产品功能：创新性、实用性、经济性 产品颜值：设计风格、尺寸、形状或者物理结构、质感、颜色（颜色性格）、包装 2.1.3 产品定价：市场份额占比较大的产品（名称、销量等）
	2.2 客户群体	2.2.1 消费者特征调研：性别、年龄、所在城市等 2.2.2 产品及品牌调研：品牌定位、目标市场、传播方式、促销方式 2.2.3 消费者消费需求调研：消费目的、消费心理、消费趋势
	2.3 市场营销	2.3.1 营销渠道 实体终端（商场、超市、专卖店、直营店等）的发展情况，包括区域分布、数量分布 网络终端（第三方电子商务平台、企业官方商城、移动平台）：数量分布、各终端粉丝量

续表

一级指标	二级指标	三级指标
		2.3.2 促销—促销方式：线上+线下 例如：无偿促销（针对目标客户不收取任何费用，如免费试用） 活动促销（举办与产品销售相关的活动，吸引目标顾客参与）
3. 调研资源	3.1 行业报告（国家统计分析、百度百科、MBA 智库等）	
	3.2 数据库（万方、维普、知网、百度学术、飞瓜数据、卡思数据等）	
	3.3 专业平台（艾瑞网、199IT、前瞻产业研究院、企业官网）	
	3.4 社交/信息平台（微信公众号文章、新浪财经、网易财经、凤凰网）	
	3.5 其他平台（知乎、豆瓣等）	

当完成典型企业的简化调研之后，各位同学对行业与企业的体验与感知程度会快速提升。我们将以此为基础，从研究性任务升级到简单创造性任务，从而让企业职务能力进一步强化。

5.4 产品与营销改进训练

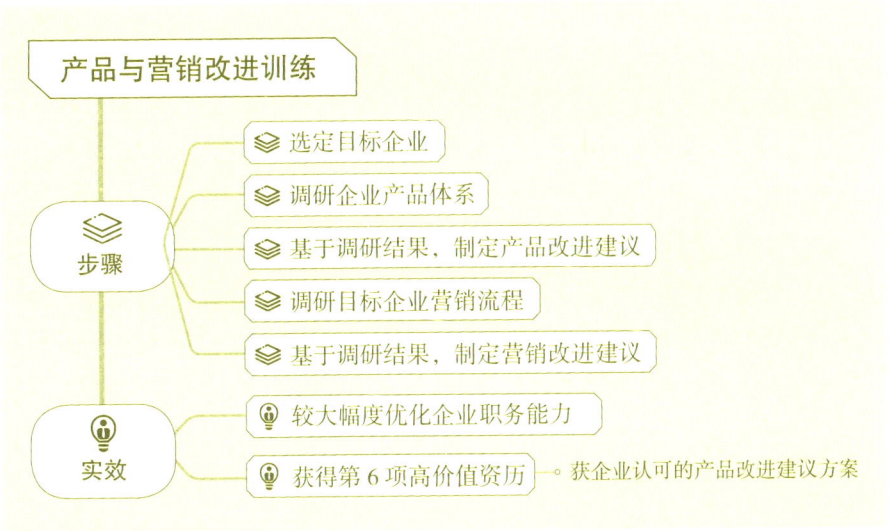

企业最根本的职能就是两种活动的循环：做产品和卖产品。其他职能的价值都是配合和支持这两种活动。所以，各位同学需要进行产品和营销改进的基本训练。训练方案主要有 5 个步骤：①选择目标企业；②调研企业产品体系；③基于调研结果，制定产品改进建议方案；④调研目标企业营销流程；⑤基于调研结果，制定营销改进建议方案。

接下来，为大家简介各个步骤的基本要点。

（1）选择目标企业

高级协同团队成员可以通过讨论，确定一个所有成员兴趣度都比较高，并且曾经接触过其产品的行业，然后选定行业龙头的某一家企业作为研究对象。

（2）调研企业产品体系

龙头企业的产品往往品类繁多，所以要选择其中一类产品，针对该企业和其主要竞争企业的此类产品进行四项直观指标（功能、颜值、型体和价格）考察与记录。除了每个指标的基本信息之外，还需要调访至少 300 人对该企业与竞品四项指标的比较评价与优化意见。最后整合各项指标的全部调研记录信息，并进行初步统计分析。

（3）基于调研结果，制定产品改进建议方案

针对目标企业产品的调研和改进建议，即两个视角的两阶段训练。首先，我们以享受者和消费者的视角去评判目标企业及其竞争对手的产品，并根据自身感觉与调访对象的反馈，对各个产品指标进行优劣排序。然后，我们再以研究者和创造者的视角去思考如何弥补目标企业劣势指标与对手的差距和如何让目标企业产品的优势指标进一步优化，以拉开差距。这两阶段的视角切换与任务训练，可以极高效地激发各位同学的企业职务能力。尤其是第二阶段，需要大家进入更深层的探索和真正的创造状态。我们将根据调研分析结果，参考万学教育提供的"产品指标改进建议模块"，通过团队讨论和分工，创作产品改进建议报告。

（4）调研目标企业营销流程

这一步骤主要针对目标企业与其竞争机构营销体系的两项直观指标（营销路径、营销关键环节）进行初步考察与记录。并且还要调访至少 300 人对该企业与对手两类指标的评价比较与优化意见。最后整合各项指标的全部调研记录信息，进行初步统计分析。

（5）基于调研结果，制定营销改进建议方案

与产品改进建议训练同理，我们将根据调研分析结果，参考万学教育提供的"营销指标改进建议模块"，通过团队讨论和分工，创作营销改进建议报告。

例如，某团队协商选定了一个世界五百强电器公司的智能音箱产品，9 名

团队成员分成 3 组分别到主流电商平台、体验店和家电商场启动调研。由于大家都是以潜在客户身份出现，所以在与商家员工线上、线下的沟通中，对方都是积极回答所有问题，因此非常顺利地采集了基本指标信息。随后，团队启动潜在客户评价与改进意见的调查行动。每名团队成员负责调查 50 人。调查对象按年龄、性别、职业等维度做了数量分配。团队设计了调访话术、纸版与电子问卷。团队在两天调访了 39 人之后，进行了调访程序细节升级，然后用了 3 天时间，就完成了 455 人的评价与改进意见采集。接下来五天，团队 3 名成员负责对所有反馈信息进行了统计与分析。最后，团队成员利用每天晚上 9 点 50 分之后的睡前富余时间，通过当面和线上组合交流的方式，一边分工创作，一边逐项讨论，用不到一周时间，就完成了世界五百强企业智能音箱的产品与营销改进建议报告。

如果各位同学在完成产品与营销改进训练之后，还能再接再厉完成品牌推广与营销实施训练，那么你的企业职务能力将实现一次飞跃式提升。

5.5 品牌推广训练

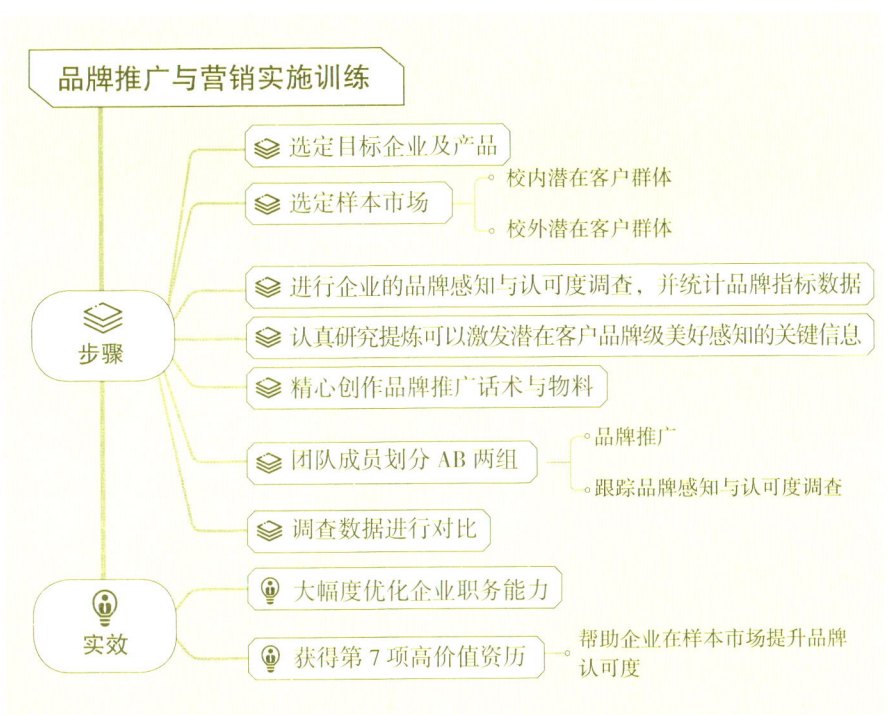

当今市场中同类产品不计其数，同质化竞争日益激烈，品牌对于任何企业都有超乎寻常的巨大影响。品牌推广是让潜在客户对企业和产品产生综合、深层和持久美好感受的高级企业任务。

虽然品牌推广方式多种多样，但由于是训练项目，各位同学只需运用其中一种方式，为一个企业及其某种产品，在小范围市场区域内进行集中品牌推广，达到提升品牌感知与认可度的效果，即可实现能力优化。品牌推广训练的基本步骤如下：

（1）选择一个企业及其一种产品。

（2）选择有一定量潜在客户聚集的小区域市场。

（3）针对目标市场的超过500名潜在客户进行该企业的品牌感知与认可度调查，并统计品牌指标数据。

（4）认真研究提炼企业的文化精神亮点、发展里程碑事件、战略愿景、核心优势、产品价值等可以激发潜在客户品牌级美好感知的关键信息。

（5）根据提炼的关键信息，精心创作向潜在客户传递的文本、图像、音视频等品牌推广话术与物料。

（6）团队成员划分A、B两组。A组运用已创作的品牌话术与物料，针对目标测试市场超过500名潜在客户进行品牌推广；B组则在A组推广完成后，进行跟踪品牌感知与认可度调查。

（7）将"没有接受品牌推广"的500人调查数据与"接受了品牌推广"的500人调查数据进行对比。如果后500人的品牌指标数据有较明显提升，说明品牌推广训练达到良好效果。

5.6　营销实施训练

品牌推广训练是激发客户对企业与产品的美好感知与深度认可，而营销实施训练则是激发客户的强烈购买意愿或完成购买。这一项训练相对难度较高，但对企业职务能力的提升作用很大。营销实施训练的基本步骤如下：

（1）选择一个企业的一种产品。

（2）创造产品价值表达内容，主要包括产品功能表达信息、产品价格表达信息、产品美好表达信息、产品稀缺表达信息。

（3）根据产品价值表达内容，创作产品价值传递载体，包括文本、图画、音视频、促销话术与问答等。

（4）选择有一定量潜在客户聚集的线下小区域市场和部分线上网域。

（5）针对目标线下市场超过500名潜在客户，综合运用产品价值表达内容与载体进行产品讲解与促销，并调查记录每个潜在客户的购买意愿。

（6）针对线上目标网域，投放产品价值内容与载体吸引潜在客户流量，导入微信、QQ等自控网域，进行多轮次产品讲解与促销，并调查记录超过500名潜在客户的购买意愿。

（7）如果经过产品讲解与促销之后，部分潜在客户出现了较高购买意愿，则说明训练有效。产生较高购买意愿的客户比例越大，说明营销实施训练越有效。

各位同学，当你们认真执行了以上步骤，尽可能多地完成了相应训练任务，大家的企业职务能力将会以数倍于常态发育的速度，实现优化与提升。并且在能力飞跃的同时，大家还会收获具有重要价值的三项高端资历，即"企业认可的产品与营销改进方案""帮助企业在样本市场有效提升品牌感知与认可度"和"帮助企业在样本市场完成一定产品销量或较大幅度提升客户购买意愿"。优秀的企业职务能力与相应资历，将会为大家的职业与人生发展带来空前强劲的动力。

第 6 章　才艺能力快速特训

6.1　才艺能力培育原理

才艺能力培育原理
- 采用科学原理与方法高频特训
- 某种才艺能力外在技艺超过 80% 的普通人

人类因为发现了科学，才能改变外部世界，享受越来越安全与舒适的物质生活。同时，也因为发明了艺术，才能升华内在世界，享受越来越丰富与精彩的精神生活。

大学期间，大部分同学提升学科知识能力、核心通用能力和企业职务能力，都是为了将来更好地运用科学知识，为自己和社会创造财富与价值。还有一部分同学选择学习艺术、提升素养，从而更好地感受艺术的美，创造更美的艺术。

艺术的修炼需要经年累月不断打磨和领悟。与之相伴的艺术修养不仅拥有外在纯熟的技艺，还需具备内在沉淀的气质。因此，学习艺术的人，通常会让人感觉自带"光环"、卓尔不群。这种靠多年积累和训练出来的气场，确实很难模仿。

人类后天的一切能力的习得，都是先要掌握这种能力的原理，然后通过相应的训练方法，不断尝试，才能逐渐形成。你不具备某种能力，是因为你从来没有进行过专项训练，或者没有按照科学的原理与方法正确训练而已。

因此，通过科学原理指导并经过正确方法训练后，如果将某种外在技艺超过 80% 的普通人，就能让人感知并感觉优秀，你就具备了某种才艺能力。我们从一般人接触较多的 19 类才艺中，挑选了最适合大学生的 3 类：演唱、魔术和乐器。可以通过本章节介绍的高频特训方案，迅速提升才艺能力。最终，掌握 1~2 项才艺，获得一定的人格魅力，给别人带来更快速、更强烈的高水平感官刺激，从而迅速产生愉悦的能力。在聚会、演出等场合，展现明星风采、收获青睐、树立个人品牌。

6.2 才艺能力特训项目

6.2.1 演唱技能

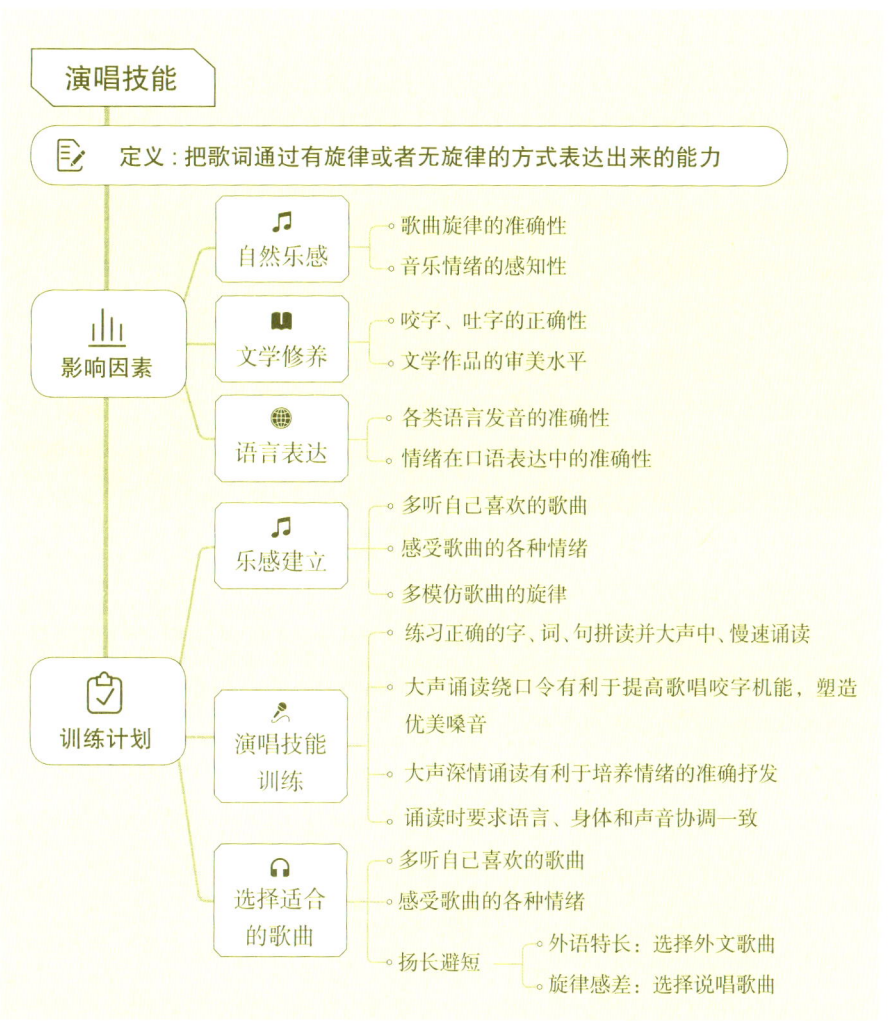

演唱技能简单来说就是歌曲的表达能力。进一步讲，就是把歌词通过有旋律或者无旋律的方式表达出来的能力。这种能力的高低受以下3个因素影响：

（1）自然乐感：指在日常生活中通过主动或被动的方式接受歌曲的熏陶所自然建立起来的音乐感觉。主要指模仿和记忆歌曲旋律的准确性以及音乐情绪的感知性。学习歌曲的过程中，记忆歌曲旋律非常重要，它决定着表达歌曲作品的完整性。而音乐情绪的正确感知能使演唱者准确找到歌曲作者要表达的情绪，如快乐、悲伤、安静等，有利于演唱时对情绪的正确表达。

（2）文学修养：指通过小学、中学、大学以及生活中文学能力的积累。主要指咬字吐字的正确性以及对文学作品的审美水平。很多声乐专业的学习者在歌唱中遇到的困难和问题，往往是在成长过程中养成的一些不正确的咬字、吐字习惯造成的。语言和歌唱密不可分，播音员明亮浑厚的嗓音是不断纠正错误的语言咬字习惯和不断地练习而获得的。普通话的特征是音节、口型顺畅，声调简明，易于分辨，甚至要求语速适中，气流连贯，韵味充足，适于广播、演讲和日常交流，可见正确练习普通话有利于语言及歌唱器官机能的提升，为获得优良的嗓音提供了有效支持。较高的文学作品审美能力有助于歌词内容感情的准确把握和正确升华。

（3）语言表达：指各类语言的口语表达能力。主要指各类语言发音的准确性以及自我情绪在口语表达中的准确性。歌曲是多语种的，所以要演唱普通话之外语种歌曲的时候，各类语种的准确咬字、吐字也是非常重要的。只有准确咬字、吐字才能正确地表达歌曲的韵味，才能让听者感受到歌词内容的魅力。自我感受情绪的正确表达有利于更好地获得听者的共鸣，加强演唱感染力。

当清晰认知对演唱产生影响的因素后，即可从以下3个方面制订训练计划，快速提升演唱能力。

（1）乐感建立：多听自己喜欢的歌曲，多感受歌曲中的各种情绪，多模仿歌曲的旋律。模仿旋律时建议不要戴耳机，有条件录音的可以录自己模仿的声音，这样才能够分辨出自己模仿的准确程度。如果记不住歌词可以用你习惯的任何一个单母音来代替歌词，这样有助于集中精力去模仿旋律，旋律模仿准确后再带入歌词（模仿时的准确要求既包括旋律、节奏的准确，也包括换气点的准确）。

（2）演唱技能的训练：练习正确的字、词、句拼读并大声诵读（中、慢速），有利于纠正语言及歌唱发声中的不良习惯。绕口令的大声诵读有利于提高歌唱咬字机能，塑造优美嗓音。诗词、文学作品及歌词的大声深情诵读不仅可以塑造优美嗓音，还可以培养情绪的准确抒发。诵读时充分运用双手帮助表达,运用眼神和他人交流,要达到语言、身体和声音彼此协调一致。切不可双手示意的是"短小的",而口中冒出的字眼却是"长长的";歌词表达的是"安静的",动作却显得"坐立不安的"。

(3)选择适合自己的歌曲:首先,要尽量避免男生唱女歌手的歌或女生唱男歌手的歌曲(因为男女生自然嗓音生理的差异性)。其次,要找到适合自己的音域的歌曲,不要过高或者过低。再次,扬长避短,如果外语能力很突出,可以优先选择外文歌曲,如果模仿旋律能力差,则可以选择说唱歌曲。总之在公开演唱歌曲时,不要以自己的喜好为主,要以自己的当前能力和特长为主。

要实现演唱能力的提高,以上几点的坚持非常重要。水滴石穿,绳锯木断。不用担心坚持练习会占用你大量的时间,以上的练习都可以利用碎片时间,每天保证有半个小时的练习时间。如此坚持下去,不到半年,你就会惊喜地发现,自己越来越爱唱歌并且越来越会唱歌了。如果时间充裕,可以每天高频训练 1~2 个小时,坚持 2 个月,也能达到让别人感知优秀的程度,成为迅速提升个人魅力值的"杀手锏"。

6.2.2 魔术技能

魔术分为很多种,有大型幻术、舞台魔术、滑稽魔术、近景魔术、牌类魔术等。因受道具和现场条件等制约,同学们可以学习和表演的魔术基本上只能选择一些只需要十个手指头和一些简单道具,甚至是向观众借的东西来表演的魔术。因此,对于手法和表演有极高的要求,这类魔术基本上都属于近景魔术。

近景魔术所需要的道具，大多是一些常见的小物件。比如香烟、纸牌、纸币、硬币、戒指、杯子、绳子、线头、吸管等，这些都是近景魔术中所需要的好帮手。有些道具可以从表演的现场临时获取，只要能满足表演的需要即可。有些则需要提前准备，比如可以从专门的魔术道具商店去采购一些特殊的纸牌、硬币、戒指等。

同学们可以根据自己的兴趣，选择自己喜欢的3～5种道具，每种道具可以准备2～3个近景魔术，基本可以满足大部分社交场合的表演需要。

确定了魔术道具之后，可以从视频和书籍两种渠道进行学习。初期可以从视频开始跟着学与练，等有了一定基础后，想要进一步了解理论，甚至将来能够创作魔术，可以开始系统学习。

当然，魔术表演最重要的一点还是坚持练习。需要按照高频特训原理，持续练习与思考，才能提升魔术表演技能。俗话说，熟能生巧，所有人前的风光，都是背后的不放弃。

6.2.3 乐器技能

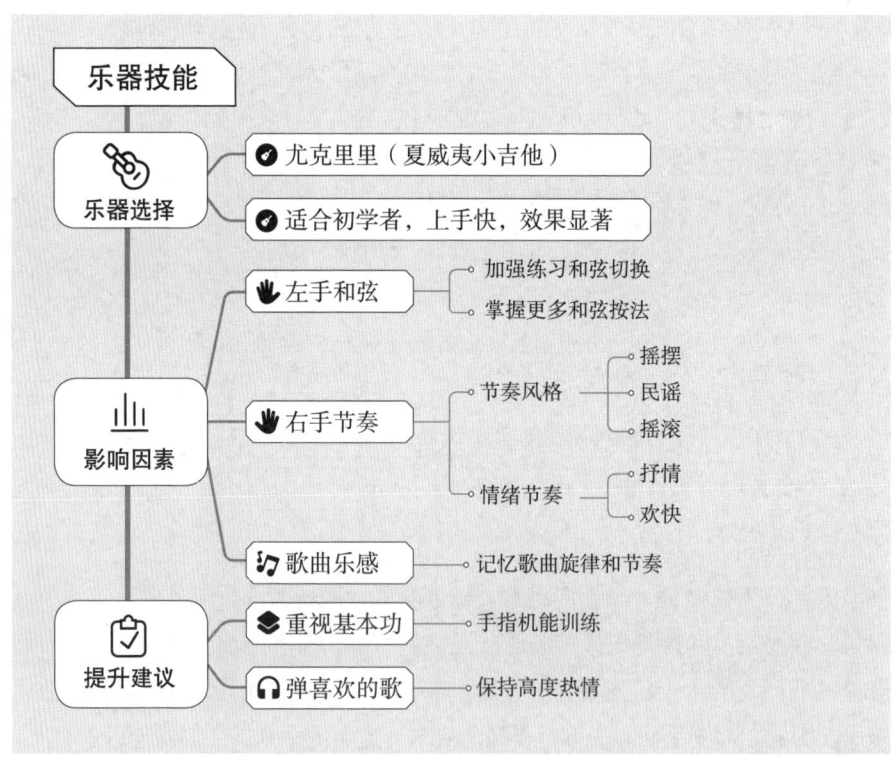

第三种才艺是乐器演奏。虽然可供大学生选择的乐器种类非常多，如吉他、架子鼓、笛子、萨克斯等，但是很多乐器要达到能够独立演奏出优美乐曲的程度，需要的学习过程非常漫长。因此，建议同学们可以选择一种叫尤克里里的乐器。尤克里里又名夏威夷小吉他，是一种四弦的拨弦乐器，归属于吉他乐器一族。

尤克里里特别适合初学者，上手快，效果明显，很快就能弹奏出简单乐曲，让人信心大增。但是等初期热情过去，发现进一步提高演奏水平越来越难，这是因为受以下因素制约。

（1）左手和弦：在练习尤克里里的时候，左手需要按固定位置。左手固定的按法会直接影响自弹自唱中的伴奏，按错会导致弹奏停顿，弹唱的歌曲直接断开。所以在练习的时候，要熟悉更多的左手和弦按法，然后再加强练习和弦之间的切换，保证和弦之间的切换不会停顿，弹唱中就会变得非常流畅。其次可掌握更多的和弦按法，以弹奏更多的歌曲。

（2）右手节奏：左手按和弦的同时，右手需要把握弹奏的节奏。右手的节奏会直接影响歌曲的风格或者情绪。从风格角度来说可能是摇摆风格、民谣风格、摇滚风格等；从情绪角度来说可能是抒情、欢快。因此，在日常练习中练习最基础最常用的节奏，并通过节拍器保证节奏稳定，不能忽快忽慢，否则会使得我们在弹唱歌曲时，节奏出现混乱。其次就是要多尝试其他风格的节奏，这样可以弹唱更多不同类型的音乐。

（3）歌曲乐感：学习尤克里里的过程中，记忆歌曲旋律和节奏是非常重要的，它决定着表达歌曲的音准和节奏律动。其要求与演唱技能类似，可以按照相同的方法进行训练提升。

同样，在了解限制弹奏尤克里里技能提升的因素后，提供给大家两点如何提升尤克里里弹奏的建议：

（1）重视基本功：尤克里里入门时很简单，但是很容易遇到瓶颈，就是不管怎么学怎么练，都很难提升。此时就需要回去练基本功，加强弹奏的基本能力。这里所指的基本功，是手指的机能训练。只有专项强化尤克里里的基本功训练，才可以快速突破瓶颈。

（2）弹喜欢的歌：尤克里里刚开始学习会很有兴趣，不过当你学习到一定程度时，兴趣会下降，特别是进入学习瓶颈期，很容易产生放弃情绪。但如果你每次练习的歌曲都是你的钟爱，会让你对尤克里里保持高度热情，从而坚持下去。

才艺能力的训练，更多的是个人选择，而非团队意志。不过，选择相同才艺的队友，可以结伴训练，互相鼓励鞭策，能力与情感在交织中不断提升。待团队中成员的才艺能力达到可以对外展示的程度时，团队可以开启另一项高价值活动——组织与参演文娱晚会。顾名思义，此活动指团队主导组织一场文娱晚会，并将团队成员的才艺在晚会中进行表演。组织晚会的步骤与安排，基于团队之前组织多项活动的训练及经验，已经驾轻就熟。团队可以在特定时期，如国庆、元旦、中秋等学校常规庆典时刻，自荐承担院系甚至学校的文娱晚会的组织任务。主要节目以院校方安排为主，其中穿插进团队成员的才艺表演即可。

团队如能顺利完成此项活动，将再次收获组织与参演文娱晚会这项高价值资历。在此，给大家分享一个真实发生过的故事。

【案例】

Tom 和 Jerry 是大学同寝室的好兄弟，某次 Tom 酒后吐真言，谈到自己高分低就来到这所大学是因为中学暗恋的女生报了这里。但是 Tom 只敢偷偷喜欢，从没敢和这位名叫 Clare 的女生交流超过一分钟。Jerry 作为 Tom 的好哥们，从此便挖空心思想帮助 Tom 接近他的女神 Clare。

恰逢学院里组织联谊晚会，Clare 要参演合唱节目，叫 Tom 一起参加。Tom 开心地告诉 Jerry 这个消息。Jerry 说这虽然是个接触机会，但作用不大。如果 Tom 可以单独表演一个节目，展示出自己的优秀才艺，就有可能吸引甚至打动 Clare。可是 Tom 说他根本没有任何才艺基础。Jerry 表示没才艺没关系，大学是个超级宝藏，藏着很多高人，并愿意帮他找个高人，这个高人能帮助 Tom 当一次光芒闪耀的明星。

第二天，Jerry 介绍了艺术系老师 Ray 给 Tom。Ray 说，要想晚会一鸣惊人，就不能是单纯一首歌、一曲舞的老掉牙模式。你们要做个小小的音乐剧，也就是用歌唱、舞蹈、魔术、吉他、钢琴，来表现一个故事。完成这个音乐剧需要一个团队，四至五人，全剧贯穿三首歌。Ray 答应找两个外援学生，客串钢琴伴奏和伴舞。Tom 唱一段歌、弹一段吉他、表演一段魔术，Jerry 配合唱歌与伴舞。

Tom 大惊，认为联谊晚会只有一个多月了，不可能完成这么复杂的任务。Ray 老师阐述原理：用传统模式，才艺是不可能一蹴而就的，需要长期训练才能达到让人鼓掌的优秀水平。但可以集中时间高强度高频次训练一些才艺片段，仅仅在这几个很短的片段上，展现出优秀水平。

Tom 晚会表演有 3 个任务：

① 弹奏四分之一首歌的演奏曲；
② 唱三分之一首歌；
③ 表演两个魔术。

对于任务①：一个人从零开始练习吉他，从基本知识、手法到弹奏完整曲子，每天练习 4.5 小时，大约 600 天能把 50 首曲子弹到不错水平，平均每首曲子需要练习 50 多个小时。

但这次仅仅是为了准备晚会弹四分之一首歌的演奏曲，所以 Tom 可以不学乐理知识，直接练习一首歌的四分之一伴奏曲，零基础"狂练"吉他 20 小时即可。

对于任务②：Tom 只需把选定的三分之一首歌，集中练习演唱 150 遍以上，一遍练 2 分钟，累计练习 5 个小时以上即可练到高水平。

对于任务③：两个小魔术，只需将几个关键动作，练习 800 遍以上，累计练习 27 小时即可。

3 项任务每天练习 3 个小时，3 个星期就能搞定！

Tom 带着怀疑与憧憬的矛盾心情，在 Ray 老师的指导之下，刻苦特训。Jerry 也为了好哥们的演出成功，全力配合他一起特训。

终于，联谊晚会上，Tom 在 Jerry 和另外两位外援的支持下，顺利而出色地完成了音乐剧表演。由于编排新颖、风趣，既好听好看还好玩，现场气氛一度火爆。Tom 说他第一次发现 Clare 看他的眼睛里有亮晶晶的星光。

后续的事情进展，虽仍有波折，但功夫不负有心人，Tom 终成所愿。

本章内容，最重要的是希望给同学们传递一个信息：才艺能力对同学们具有重大价值，只要有信心、有毅力，选择合适的才艺（并不仅限于演唱、乐器和魔术），按照科学方法进行训练提升，绝大多数同学都可以培育出能让自己绽放"明星"光芒的才艺能力。

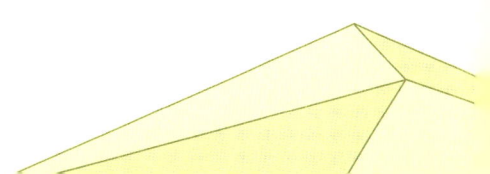

第 7 章　职业发展领域选择

当各类高端能力培育到一定程度之后，我们要开始探索与选择自身未来真正投身最优的职业领域。对于一个大学生而言，同样的能力资历和资源，选择进入不同的行业与职能，发展效率与成就高度大相径庭。如果仅凭天然状态下的自我意识去判断，很多同学只会在浅层了解的极小职业范围中去模糊选择，而对广阔职场 95% 以上的发展路径，都缺乏有效认知，从而遗憾错过甚至完全忽略。因此，多数大学生很难找到最适合自己的职业目标，无法深层释放热情和潜力，导致毕业后甚至一生职业发展的速度与高度折损 50% 以上。

所以，为了实现优异的职业发展，大家必须按照科学和系统的方案去寻找锁定最适配自身的职业领域。

选择最优职业发展领域主要有四个步骤：

（1）了解自身专业适配企业的职位范围。

（2）全行业典型企业快速调研。

（3）调研结果共享与适配。

（4）最优适配职业目标锁定。

7.1 学科专业与企业职能适配关系

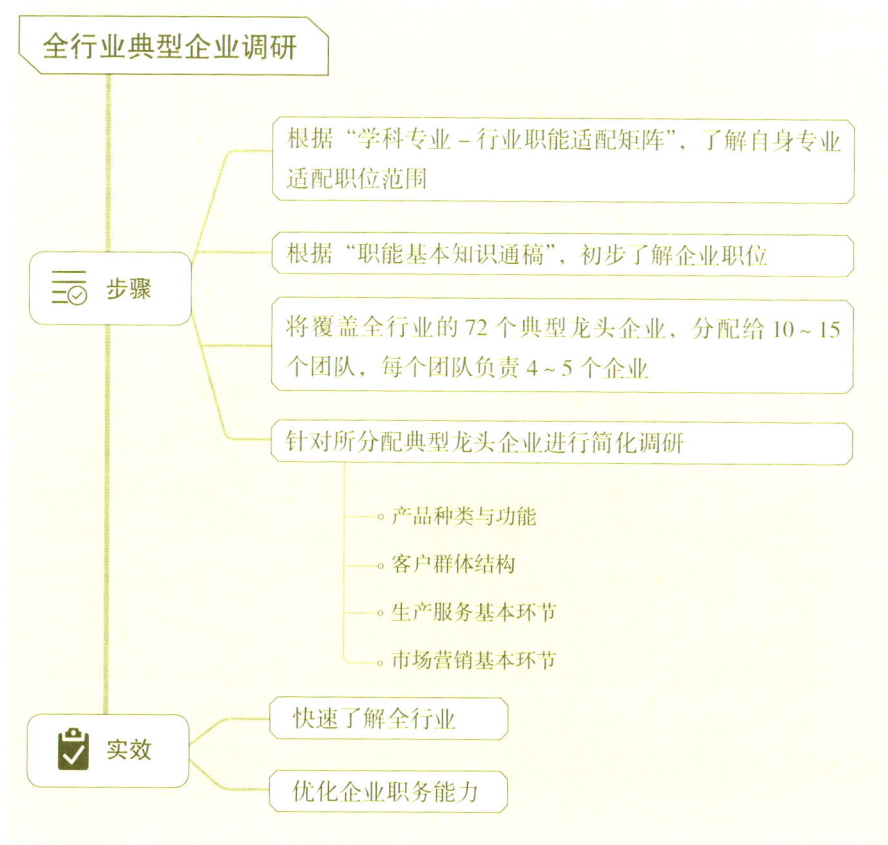

职业发展领域的第一步是了解自身专业适配企业的职位范围。每个大学生的所学专业主要是按 14 大 "学科门类"、113 个 "一级学科" 和 700 多个 "二级学科"来划分设置，而企业等社会机构招聘大学生的岗位主要是按行业与职能来划分设置的。大多数同学根本不了解学科专业与企业岗位的适配关系，因此无所适从，盲目抉择。其实大学生所学专业与各类职业目标（行业/职能）都存在不同程度的适配关系。只有少部分职业目标与学科专业具有必然对应关系，也就是仅此专业适配，其他专业都不行。大部分职业目标并不会绑定招聘某个专业的学生。因此大学生无论所学专业是什么，都有足够多的可选职业目标。

所有企业方向的职业发展，可以按照 96 个行业与 6 个企业职能两大维度，大致可细分为 96×6 = 576 个职业目标。我们可以通过万学教育提供的"学科专业 – 行业职能适配矩阵"进行查询，从而初步了解所学专业学科和企业职能体系的适配适度。

7.2 全行业典型企业快速调研

当我们初步了解自身专业学科与各个企业职能的适配程度之后，还需要更深层次了解各个行业与企业职能的实际内涵。大家只有通过真实体验，才能超越"听到""看到"，达到真正"知道"，进而从数百种基本职业目标中精准选出自己的最优适配目标。

我们主要采用全行业快速调研的模式，实现对职业目标的深层次认知，基本方案如下：

首先，各位同学需要以之前组建并携手努力到现在的高级协同团队为一级核心，扩充至 10~15 个二级团队，每个团队配置 10 个人左右。我们将 96 个行业中大学生高概率进入的 72 个行业分配给所有团队。每个团队负责调研 5~7 个行业。

调研对象是目标行业任一龙头企业的四类企业职能信息。因为行业龙头企业几乎凝聚了这个行业核心知识、顶尖技术和历史里程，所以团队只需 2~3 周完成龙头企业的快速调研，就能较深层次地认知整个目标行业。基于团队成员在第 5 章企业职务能力优化训练过程中所掌握的行业企业调研方法，带领二级团队针对分配的典型龙头企业进行快速简化研究。每个小组只需要研究四个方向，以一个消费者、一个客户的身份非常容易接触，因此实施起来也非常简单，以某个智能手机制造公司为例：

（1）产品的种类与功能：它有多少种产品？比如中低端系列、高端系列等。

（2）客户群体结构：产品客户分成多少类？每类客户最关注什么产品功能特点？客户需求变化趋势是什么？

（3）生产服务基本环节：手机在什么地方研发？什么地方生产？什么地方仓储？怎样运到卖场和客户手中？怎么咨询和投诉等。

（4）市场营销基本环节：哪些地方能接触到企业品牌与产品信息？哪些地方能买到产品？哪些网络媒体上有产品推广信息等。

团队成员本身就是客户，都在接触与消费产品。因此，只需根据方案逐步执行，每个团队都能把信息采集与分析到位。俗话说"客户就是上帝"，当我们以客户身份和适当技巧去联系与沟通目标企业业务职能人员，只要按照既定步骤，坚持完成，都会有不少收获。每个团队针对以上四类企业信息指标，参考万学教育提供的"企业快速简化调研模板"，即可迅速完成 5~7 个行业的龙头企业的调研与总结。

企业快速简化调研指标（部分）

一级指标	二级指标	三级指标
1. 产品体系	1.1 产品品牌	品牌规划定位：战略定位、发展目标、文化内涵、命名、广告语、品牌故事、代言人
	1.2 产品介绍	产品功能：创新性、实用性、经济性、耐用性 产品颜值：设计风格、尺寸、形状或者物理结构、质感、颜色（颜色性格）、包装
	1.3 产品定价	市场份额占比较大的产品（名称、销量等）
2. 客户群体结构	2.1 客户群体结构	2.1.1 消费者特征调研：性别、年龄、所在城市等
		2.1.2 消费者消费需求调研：消费目的、消费心理、消费趋势
3. 生产服务	3.1 售前服务	3.5.1 解决方案设计
		3.5.2 咨询话术
		3.5.3 咨询话术、咨询方式：电话咨询、网络咨询、卖场咨询、一对一咨询（工具 – 电话机器人、AI 客服）
	3.2 售后服务	维修服务、保养服务、投诉处理 – 流程（受理 – 上报 – 处理）、方式（线上、线下）
4. 市场营销	4.1 营销渠道	4.1.1 实体终端（商场、超市、专卖店、直营店等）的发展情况，包括区域分布、数量分布
		4.1.2 网络终端（第三方电子商务平台、企业官方商城、移动平台）：数量分布、各终端粉丝量
	4.2 促销	促销方式：线上 + 线下 例如：无偿促销（针对目标客户不收取任何费用，如免费试用） 活动促销（举办与产品销售相关的活动，吸引目标顾客参与）

7.3 调研结果共享与适配

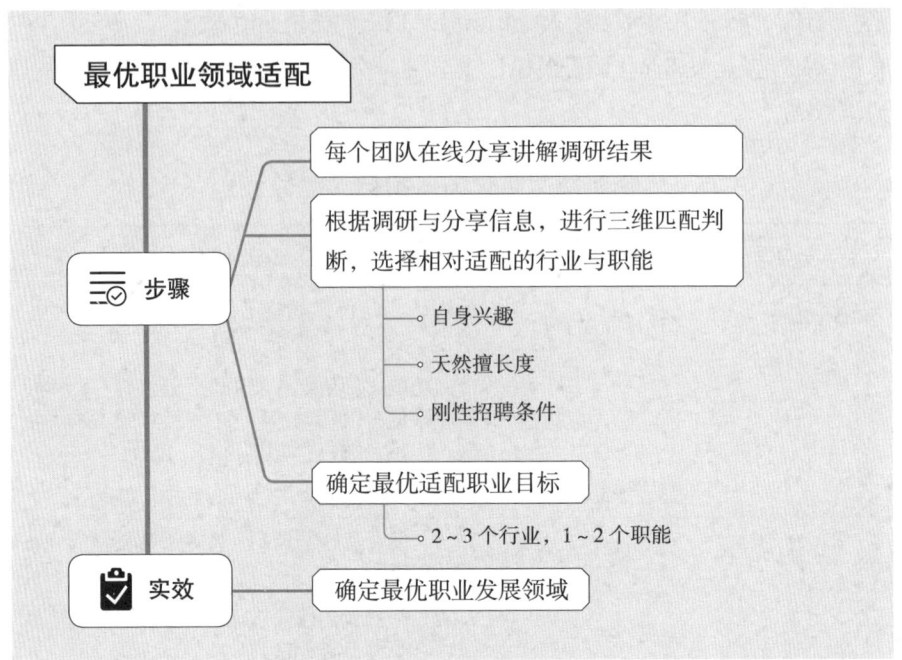

当各个二级团队完成了自己分管的 5～7 个行业的研究，需要每个团队以"线上＋线下"结合模式深度分享调研过程与结果。我们日常聊天互动，大部分都属于情感和较低价值的交流，而行业调研成果的深度分享与适配则是高价值交流与学习的重要机会。团队通过文本报告、语音、直播和视频等形式，将所分管行业的产品研发、生产服务、市场营销信息以及对这个行业的感悟体会等内容，向其他团队成员讲解分享。每个团队的分享，相当于穿越时空，把自己研究提取的行业知识与实践体验同步传递给其他团队。所有团队分享之后，每个人都得把集体研究成果吸收到自己思想之中，从而远超常识地深度认知各个行业与企业职能。

当快速认知行业和企业的内涵之后，接下来要进行适配。也就是根据大家调研和分享的信息进行三个维度的匹配判断，三个维度匹配判断具体如下：

（1）天然兴趣度：对某个行业天然感兴趣的程度。在所有行业中，一个人天然很感兴趣的行业，我们称之为"高兴趣度行业集合"。

（2）天然擅长度：对某个行业的一种或几种企业职能内容的天然理解效

率。一个人在没有专项学习的情况下,就能比较好地理解与把握的行业,尤其是相对其他领域能更快和更深地认知领会的行业,我们称之为"高擅长度行业集合"。

(3)财富回报度:在某个领域通过奋斗未来可收获物质与精神财富回报的程度。一个人认为自己通过奋斗能够收获很大财富回报的行业,我们称之为"高财富回报度行业集合"。

7.4 最优职业领域锁定

我们在通过多团队联合研究模式,全面认知与体验各个行业之后,即可锁定自己的"高兴趣度行业集合""高擅长度行业集合"和"高财富回报度行业集合",而三个集合的交集,就是我们既喜欢、又擅长,还认定通过奋斗会有足够财富回报的行业。根据三个维度的交集,大部分同学都会锁定在2~3个适配行业和1~2个适配企业职能,也就是2~6个精确职业目标范围。这个范围就是我们的最优适配职业领域,我们选择任一目标投身其中,都将带着源源不断的激情与深层释放的动力,踏上高速发展的职业与人生轨道。

第 8 章　高价值人脉网络构建

8.1　校友群体人脉资源网络

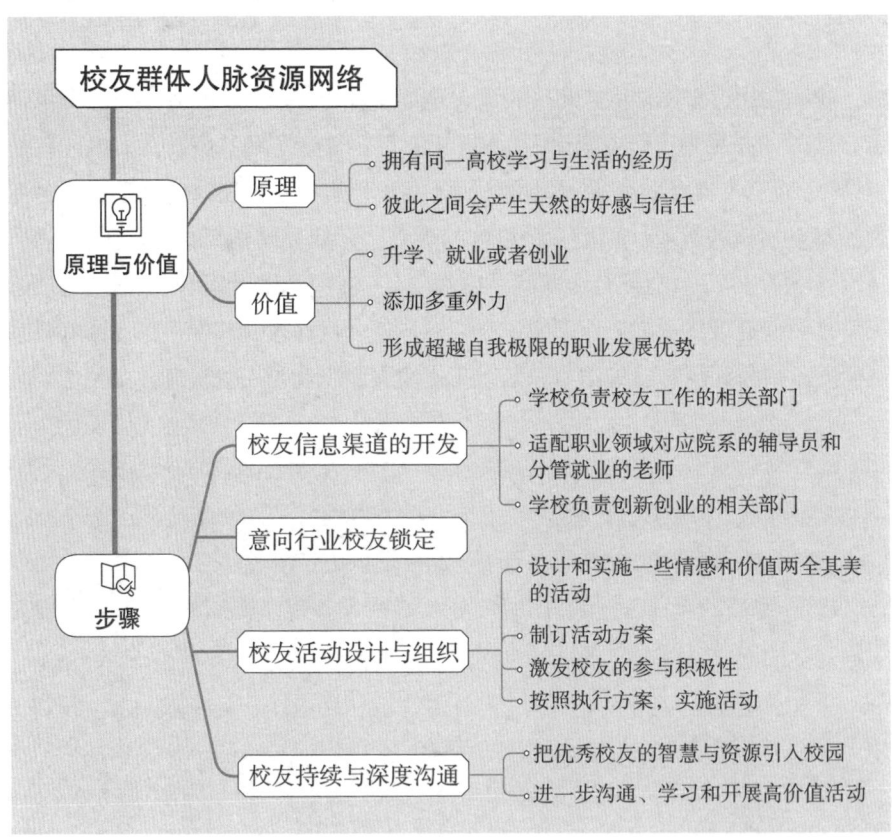

对大学生群体而言，最容易建立连接的高价值人脉是那些已经在目标行业中工作的校友。因为你们拥有在同一所高校学习和生活的经历，彼此之间会产生天然的好感与信任。目标行业的优秀校友们一般会有更强能力、更广阔的视野和更高价值的资源。如果能够和这些校友建立联系，并获得他们的青睐与支持。无论未来升学、就业或者创业，通过他们的各种资源协助，可以在自身能力之上添加多重外力，从而形成超越自我极限的职业发展优势。

8.1.1 校友信息渠道的开发

我们获得校友信息主要有三类渠道。第一渠道是学校负责校友工作的相关部门，例如学校校友工作办公室（校友办）。学校和学院校友办主要负责联络已毕业学生组成各地的校友会，他们掌握大部分毕业校友的基本情况；第二渠道是我们自身适配职业领域对应院系的辅导员和分管就业的老师等；第三渠道是学校负责创新创业的相关部门，该部门一般都连通整合了各行各业的优秀校友，邀请其担任创新创业导师。

8.1.2 意向行业校友锁定

从各渠道采集的优秀校友信息会比较多，团队需要认真筛选分析，并将意向行业的部分校友锁定为重点联络与沟通目标。

8.1.3 校友活动设计与组织

锁定重点目标校友之后，就要启动与目标校友的联系与交流。优秀校友们往往日常繁忙，时间宝贵。如果只是常规沟通，很难与其建立有效联系。因此，团队需要设计和实施一些情感和价值两全的活动，也就是既能牵动校友的母校情怀，又能让校友收获价值的活动。活动只要能够对校友事业产生促进效果即可。其价值体现可以是品牌推广、业务拓展、人员招聘等多种形式。

在确定初步活动计划后，团队应进一步研讨，制定贯穿活动全环节的详细步骤与所需资源配置，包括联系校友的各种方案、对接细节、沟通要点等以激发校友的参与积极性。然后按照执行方案实施活动。团队在活动过程中必然会与校友们密切接触，我们应该在组织活动的同时，向校友展现团队和自身的优秀能力、资历和对目标行业的研究成果，从而获得校友的认可与欣赏。

8.1.4 校友持续与深度沟通

设计与组织校友活动的目的，一方面是为了把优秀校友的智慧与资源引入校园；另一方面是通过活动，与目标行业的优秀校友建立深度联系渠道，未来可以进一步沟通、学习和开展高价值活动。校友活动形式，既可以沿用常规模式，又可以不拘一格、推陈出新。例如，可以请校友回校做任意主题讲座，也可以组织团队针对校友企业研究之后，请校友评判与指点。无论何种形式，只要在用心做好活动的基础上，真心交流并展现自身的优秀能力、人生理想与抱负，那么，获得师兄、师姐的认可与支持将是必然结果。

8.2 企业领域人脉资源网络

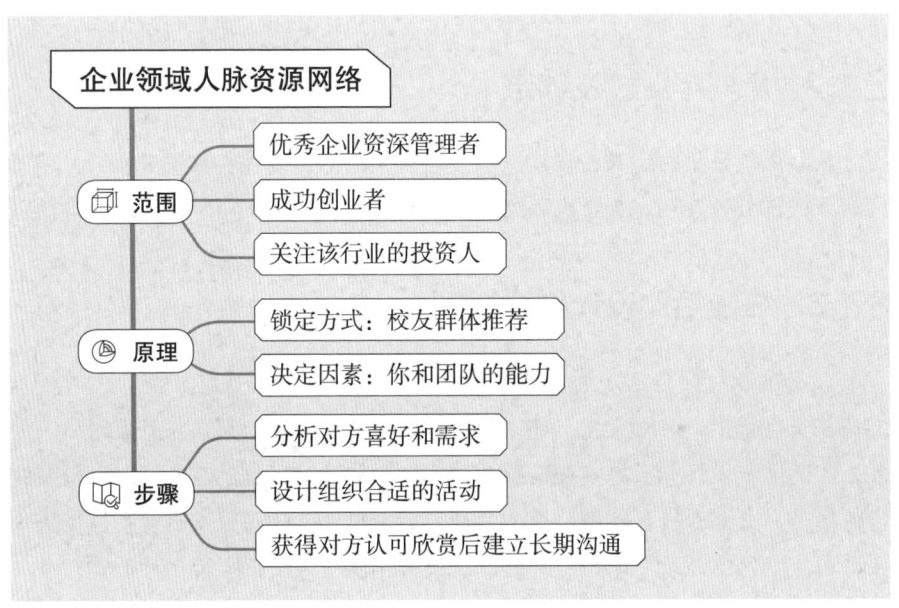

除了搭建校友群体人脉网络之外，还需要搭建非校友群体的人脉网络。其中的一类是企业领域中优秀的专家人脉，包括了同学们意向职业发展领域中优秀企业管理者、成功创业者和关注该行业的投资人等。他们对于该行业的现状与发展、行业链中各环节的竞争形势、企业各职能运作流程都有深刻认知与把握。

锁定企业专家群体的最佳方式是通过校友群体推荐。当目标行业的某位校友由于种种原因不能直接帮助你或者对你的帮助不够时，他身边也会有能够给你提供足够支持的朋友。所以，我们应该让已建立紧密联系的校友们推荐其同行业的专家、朋友，然后组织契合其需求的双赢活动，进而与这些企业专家也建立高价值人脉联系。

以下这一真实案例，可以帮助大家初步了解在校大学生如何通过活动深度链接企业，最终成功收获职业发展的重要资源。

【案例】

世界五百强企业S公司，曾经在中国30余所高校举办巡回主题讲座。其中来自A大学的一名在校生James，组织策划该系列一场讲座，这场讲座的效果明显超过同期在其他高校所举办的讲座，成为当年最成功的大学生活动之一。James因此收获了重要职业发展资源与机会，直接被两家世界级著名企业提前录用。

时间追溯到某天课后，James偶然听班主任讲S和OM两个企业准备来学校做一场活动。S公司是世界五百强企业，OM公司是世界一流的广告公关和整合营销公司。此次活动是OM公司为S公司策划的中国高校品牌推广系列活动。James对此信息比较敏锐，认为这可能是走近世界著名企业和拓展人生视野的宝贵机会，因此他主动通过班主任联系到了该活动承办学院的相关老师，并对此活动做了一些背景调查。活动基本情况是S公司要做一个针对中国的未来品牌推广活动，也就是把企业品牌推向中国的未来。S公司认为大学生群体对中国未来的影响巨大而深远，如果能够影响可能成为国家栋梁的大学生群体，也就相当于间接影响了中国的未来。因此，S公司委托OM公司策划实施系列活动。活动形式是请S公司联合创始人之一George到中国数十所高校做专题讲座，讲座题目是"S公司基于创新的竞争优势"。James在了解活动背景之后，决定深度参与活动组织。他毛遂自荐向承办学院相关老师申请，希望能够参与活动的组织工作，并向老师介绍了自己曾经带着社团承接多次活动的经历。初次沟通后，James顺利得以参与活动策划。由于他非常积极，任劳任怨，带领团队一同协作，效率极高。因此得到了老师们的一致认可，James逐渐拿下了活动组织的主导权。

可是，当OM的项目经理发现A大学活动组织者James还只是一个学生时，不禁有些担心。为保险起见，项目经理马上开始对James和他的团队进行了培训。当James听完OM公司项目经理介绍活动方案，并得知前面20多所高校讲座的时间安排在非周六日（工作日）的下午，每场人数仅60~130人。他想了想，非常坚定给OM项目经理说："我给你出一份详细的计划，一定能让这次讲座现场超过300人"。随后，James带着团队废寝忘食，很快做出了精细的活动计划，并给 OM 公司的项目人员做了详细讲解，在得到认可后开始实施。

为了在非周六日的下午也能确保到场人数足够多，James 的宣传方案有诸多创新之处：首先，校园宣传的两种基本方式是张贴海报和直投传单，由于 A 大学张贴海报的区域竞争很激烈，James 找了十几个身材魁梧的博士负责轮流守护海报。在争夺海报张贴位置的争执中，博士擅长辩论且体型强壮，自然必胜无疑。James 让 OM 公司制作了 10000 份手发宣传单，以确保每个宿舍可以发三轮。除了常规宣传，James 写了一份 5 分钟的讲稿，说服校演讲社团的社长带着 50 多个口才出色的社员，到学校内的教室里做预热宣传。只要一下课，几个社员就走进教室，让刚下课的同学稍等一下，然后就开始慷慨激昂演讲 5 分钟。同时，James 团队还整理了 7 个关于 S 和 OM 公司的背景故事，让校园广播站连续一周每天播放，并通知讲座时间，等等。

James 团队至少运用了八种创新的宣传方法，每种方法都是团队集思广益的灵感结晶。

除了宣传之外，为了让 S 公司感觉到在 A 大学受到重视，James 说服了 A 大学某学院德高望重的院长出席讲座，之后又说服院长去邀请了一名校领导出席。

那么，James 是如何请到院长出席的呢？James 找了两个文笔出色的团队成员，给院长写了一封情真意切的邀请信，大概内容是：

第一，世界五百强企业 S 公司的巡回讲座是 A 大学极其重要的企业讲座，因为到场的是世界顶级企业的高管。A 大学想要争创世界一流学府，社会评价是很重要的支撑之一。如果 S 公司对 A 大学进行正面的评价，定会提升 A 大学的国际口碑。

第二，前面二十多所学校都组织过这个活动，A 大学一定争取做得更好。

第三，如果这个活动做得好，那么 A 大学和 S 公司就能奠定坚实的友谊基础，S 公司可能会给 A 大学的学生提供更多实习与就业机会，甚至是设立奖学金。

同时，为了打消院长出席讲座的种种顾虑，James 为领导做了一个精细的计划，并为他做了精确到分钟的现场交流安排，还准备了翻译人员，确保院长出席这种国际交流活动的过程中，不会因为语言不通造成尴尬。

在如此精心的安排之下，院长认为参加这个活动不会发生任何意外，而且还有重要意义，就欣然答应出席了。很快，院长又成功邀请了校长和其他四位院级领导到场。

由于多渠道宣传效果很好，讲座当天容纳360人的场地，坐立皆无虚席，竟然挤满600多人，门口还集聚了400多人，里里外外加起来超过1000人，远超其他学校的到场人数。除此之外，James为每一位到场嘉宾安排了两名全程陪伴的团队成员。不仅让对方感觉照顾特别周到，而且与每一名嘉宾都建立更深度的私人联系。整个活动让S和OM公司与学校老师同学都非常满意。

虽然A大学活动结束了，但James做了一项可以为对方创造持续价值的事。他将A大学成功组织活动的详细方案交给了OM公司，希望能帮助对方做好后续活动。讲座结束一周后，James收到了一个包裹，里面是一份精致礼物和来自两个世界著名公司的两封感谢信。

一月之后，OM公司打来电话说，S公司计划在中国海选12名学生，到S集团上海中心和苏州基地参观、调研，由S公司提供交通和食宿的全部费用。入选的学生在参观后每人交一篇关于S公司创新的研究报告，并有丰厚奖品。

OM公司表示，12个名额中有10个是在全国范围内海选的，有2个名额指定在A大学范围内海选。还有1个额外的名额指定为James，并让他带领其他12名海选学生。这么好的机会，James很想参加，但他却把名额让给了一起协作多次任务的3个团队成员。后来这3个人，一个去了世界五百强企业，一个去了某跨国银行总部，一个成了知名企业的副总裁。

又过了两个月，OM公司主动联系A大学和James，一是表态愿意为A大学的学生提供更多进入S和OM公司的实习和就业机会，约增加25%的名额；二是告诉James，他和曾经参与那场活动的5名核心团队成员可以优先被两个企业录用，而且可以提前一年成为带薪管培生。

一次精心策划与组织的企业活动，James及其团队实现了学术界和企业界高价值人脉资源的有效开发与整合，收获了超乎寻常的人生机会。并且，他们将此活动经验不断复制应用、不断增添高价值人脉资源，为James及其团队之后的事业发展，产生了强劲持久的推动作用。

8.3 学术领域人脉资源网络

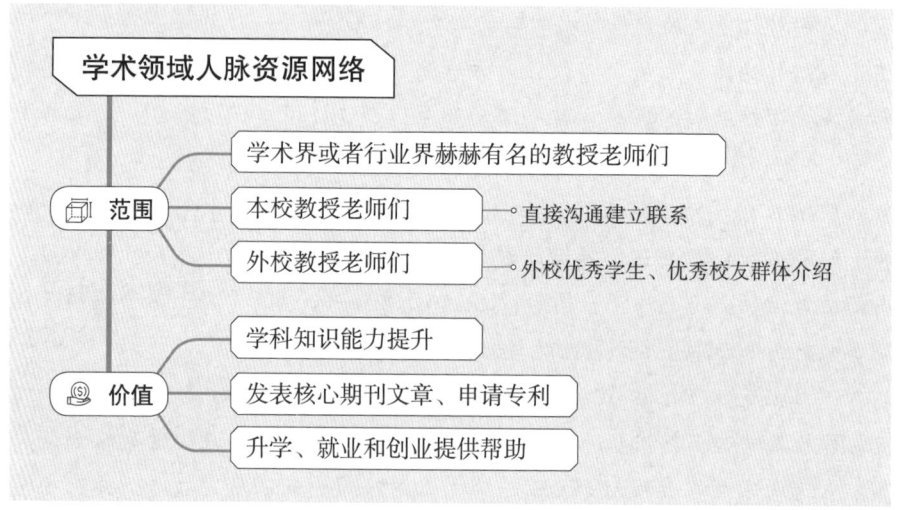

所有职业领域都会与一个或多个学术领域相连接，因此学术专家通常都会与各个行业有多层次紧密关联。我们所选定的适配目标行业一定有对应的学术领域。所以大家还需多结识一些学术领域的专家，向他们虚心求教，从而实现目标行业的高阶学习和资源连通。

我们构建学术领域高价值人脉网络的主要对象是在学术领域有一定成就和地位的老师和科研专家。无论是本校，还是外校的专家，我们都可以参照之前企业专家的沟通模式，并与其建立深度与持续联系。当我们以诚恳、谦虚和感恩的态度并适当结合其科研成果，主动邀请学术领域专家参加活动时，一般都不会被拒绝。大家再通过精细组织的活动与学术专家加强沟通，自然会获得他们的认可，进而建立可持续的人脉联系。

学术人脉网络所连接的专家群体，首先可以帮助你在学科知识能力方面收获高价值成果。例如，我们在学术专家的引导和支持下参与某个科研项目的部分任务，并基于任务成果创作和发表学术论文，那么我们既获得了学科知识能力的高阶训练，又获得了具备优秀学科知识能力的重要证据。

其次，学术专家群体更容易受到社会各界人士的信任与尊敬，所以他们往往在自身学术相关的各个领域都有比较丰富的人脉资源。当我们未来考研深造和就业应聘时，他们通常往往能提供精准和高效的信息渠道与人脉助力。

本章简介了在大学期间建立高价值人脉网络的意义,并提供了适合大学生群体构建高价值人脉网络的基本思路与步骤。最后补充强调一点,同学们在连通与整合高价值人脉资源之前,应该尽可能训练自身高端能力达到较高水平,这是顺利推进本项任务的前提条件。因为团队高端能力发挥作用才能确保各项活动的成功举办,而且在与企业和学术专家接触交流中,还需要巧妙展现优秀级高端能力,才能受其关注与欣赏。

总之,自身能力与高价值人脉的融合是促进学业和职业更快、更强发展的重要方式。除了校友、企业与学术领域专家等人群之外,各类高素质与正能量人士都是我们应该主动结交的对象。正如著名搜索引擎公司创始人 T 所说:你的人脉圈就是你的净值。及时远离那些不断消耗你的人,找到对自己有益的圈子,和那些真正志同道合的人一起,并肩而行、彼此成就。然后,你才会见识到更广阔的世界,活出自己的尊严和价值。

第 9 章 目标行业深度研究

9.1 行业深度研究信息项目

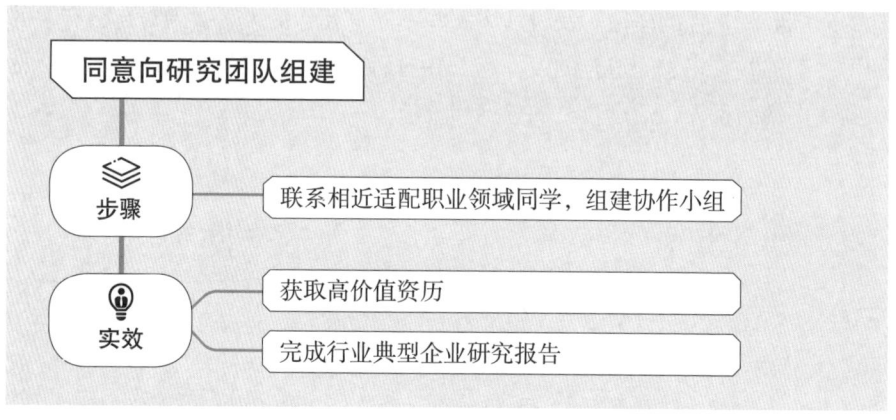

当大学生锁定了感兴趣的行业和职能方向,并联通了职业发展领域重要人脉资源后,就需要对目标行业进行深度研究,从而真切感受目标领域的企业到底需要应聘者具备什么样的能力,掌握什么样的知识。

大家在完成企业职务能力优化训练的过程中,与 3~30 名高级协同团队成员一起掌握了基本的行业企业研究方法,又在完成职业发展领域选择的任务过程中,召集了 100~150 人的二级团队,对全行业进行了快速简化研究。这些都是为掌握方法和锁定目标而做的重要基础工作。接下来,我们就要针对已选定的目标行业进行深层次研究。深度和快速研究的区别在于:首先,快速研究只涉及少量指标,深度研究则是需要针对目标企业和 2~3 家竞品企业进行上百项指标的调研;其次,快速研究调研只需要 1~2 个星期,深度研究调研则需要 1~3 个月;最后,深度调研需要系统化创作数十页甚至上百页的行业典型企业研究与优化建议报告。

行业深度研究项目如此复杂,需要投入不少精力,能为我们带来多大价值呢？近 5 年在中国大陆地区开展业务的世界五百强著名企业所招收的应届大学生中，约有 17.7% 是非重点本科的学生和高职学生。深入考察这一群体发现，这些同学都有高度类似的经历，他们当中绝大多数曾经在大学期间完成了以下重要任务中的至少 3 项：

（1）用某种企业职能研究模型对优秀企业的某些职能活动进行了深度调研。

（2）在研究基础上，提出了对企业有价值的职能优化建议。

（3）制作了精细而专业的企业职能研究与优化建议报告。

（4）向企业管理人员展示了研究成果与报告，并获得了他们的认可。

（5）凭借所获得的认可，在企业面向高校群体开展的校企联动活动中担任重要角色并做出突出贡献。

（6）凭借所获得的认可，在企业启动正式校园招聘之前，进入企业进行有别于普通实习的企业高阶深度实践。

我们之前构建了行业关联人脉网络，拥有了"有效连通目标行业与企业"的信息链路，并且高级协同团队成员也进行了两轮企业研究训练。因此，大家已经具备了良好的知识与经验基础。接下来，我们就要运用企业深度研究模型，针对所选目标行业中的龙头或明星企业开展更全面和更深层次的调研与分析，并创作比较完整的调研与优化建议报告。然后将报告通过各种渠道递交到所研究行业与企业的某一名工作人员手中，相信对方一定会给予好评。如果完成以上学习与训练任务，大家将获得跨越式职业发展，甚至可以从很低背景起点，一举飞跃到世界五百强著名企业。

9.2 行业龙头与明星企业深度调研方案

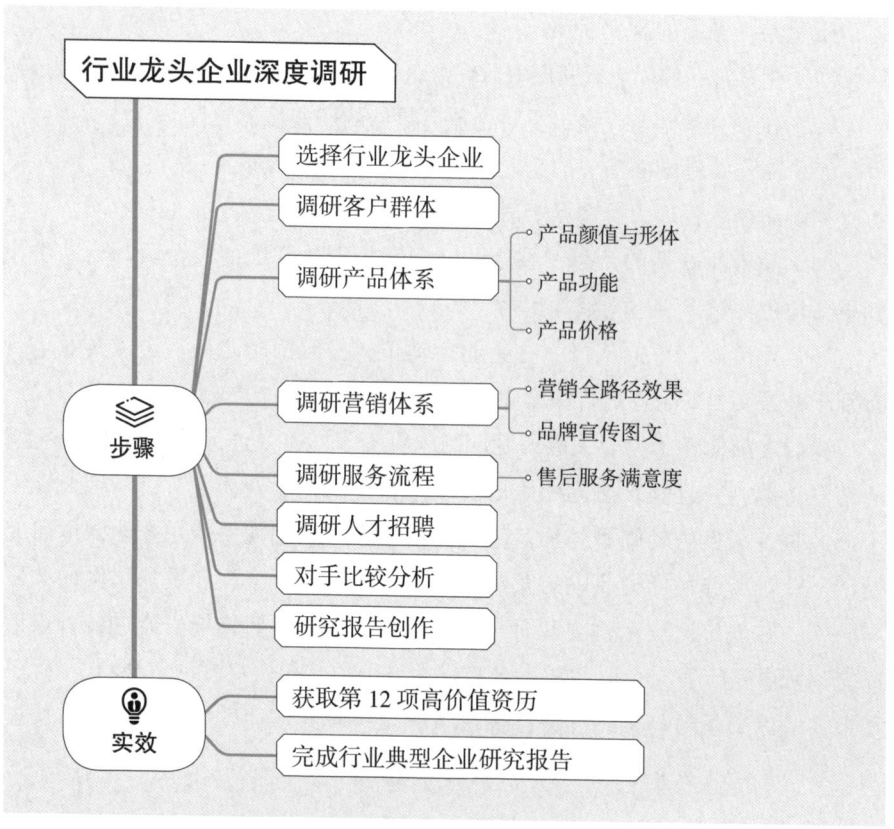

深度调研行业龙头与明星企业,主要针对以下 6 项指标:

行业龙头深度调研指标

一级指标	二级指标
1. 市场格局	1.1 客户群体
	1.2 市场规模
	1.3 市场份额
2. 产品体系	2.1 产品颜值与形体
	2.2 产品功能
	2.3 产品价格

续表

一级指标	二级指标
3. 营销体系	3.1 价格设定
	3.2 产品价值表达
	3.3 渠道类型与数量
	3.4 促销活动类型与数量
	3.5 品牌活动类型与数量
4. 生产体系	4.1 生产基本流程
	4.2 生产基地
	4.3 上游原材料供应商
	4.4 上游生产商
	4.5 服务基本流程
	4.6 售后服务精细度
	4.7 售后服务满意度
5. 人才招聘	5.1 专业招聘机构合作招聘信息与沟通反馈
	5.2 校园招聘信息与沟通反馈
	5.3 官网招聘信息与沟通反馈
6. 投融资项目	6.1 公开投资项目
	6.2 公开融资项目

当项目团队选定目标企业之后，就应该根据上表所列指标，按照以下步骤实施深度调研任务。

（1）组建调研团队

我们要将现有团队成员进行重新分配，组建"同意向职业目标团队"，即在所有的高级协同团队一级和二级成员中找到相近适配职业领域的成员重新组队，并选出团队负责人。由于大家都通过行业研究找到了自己适配的 2~3 个行业，1~2 个职能，必定有不少目标相近的同学。因此，所有目标相近的同学从原有小组中分离出来，重新组合为一个 10~20 人规模的项目团队。而这个新团队的全部成员都有同样喜爱和擅长的职业目标，会更加志同道合、意气相投，共同完成任务的效率会有很大提升。

（2）共同制定调研计划

团队将针对所选企业，根据六大类调研指标设定六阶段调研步骤。然后将每一阶段步骤细分为若干分项活动,并为每一项活动配置所需资源和设定时间安排。

例如,第一阶段步骤是调研目标行业的市场格局。这一步骤可以细分为3项活动:客户群体调研、市场规模调研和目标企业市场份额调研,而这3项活动还可以进一步细分为:性别与年龄段客户群体调研、职业客户群体调研、区域客户群体调研、兴趣爱好客户群体调研、样本市场客户数量与购买额度调研、样本市场潜在客户数量与购买意向额度调研、样本市场目标企业与主要竞争企业客户数量与购买额度调研、样本市场目标企业与主要竞争企业潜在客户数量与购买额度调研等十余项调研活动。当细分活动设定完成之后,团队成员再预估每项活动所需资源,并策划获取每种资源的方法。最后为每一项已配好资源的活动安排实施时间段。

这就是制定调研计划的基本过程。大家只需按此方式,逐步制定每一阶段计划,最后整合为一体,即为全阶段调研计划。

(3) 团队任务分工

调研计划完成之后,我们需要将计划设定的每项活动分配给团队成员去执行。分配方式主要是根据个人意愿、能力适合度与可投入时间三个因素综合决定。每个成员所分配的活动项目,就是其负责的调研任务。

首先,团队成员充分讨论调研计划中每项活动及其所需资源,根据每个人的天然意向,自由选择自己最愿意负责的活动项目,进行第一次分配。有60%~70%的活动项目会有主动承担的团队成员。

然后,团队负责人针对没有被任何成员选择的活动项目,根据所有成员的能力适合度与可投入时间,组织讨论并指定分配。

最后,团队成员对自己负责的活动项目进行确认和补充研讨,并可以根据自身实际情况,对活动项目的进度安排做一些调整。

(4) 执行深度调研计划

深度调研执行过程要点如下,共7个步骤:

① 分工完成之后,团队成员开始根据调研计划,各自执行自己负责的活动项目。

② 所有成员每天汇报执行进度,包括已完成的事项、所遇问题、针对问题的解决方案、需要的支持等。

③ 团队负责人每三天组织针对整体进度和个人难以解决的问题,进行重点研讨,并在内部调配支持资源。

④ 团队负责人每周针对内部支持资源调配后仍然不能解决的问题，组织大家升级解决方案，并想办法引入外部支持资源，以确保及时解决问题，推进调研进程。

⑤ 当部分团队成员提前完成所负责的调研任务之后，团队负责人可以说服其加入其他成员的活动项目。这样既可以加速完成调研计划，又能让愿意加入的成员获得更多锻炼。

⑥ 所有成员都完成调研任务之后，团队集中整理调研信息，并总结分析目标企业各项调研指标所反映的重点优势与关键问题。

⑦ 团队针对所有关键问题，提出优化建议。

9.3 深度调研报告的创作

当深度调研计划执行完成之后，团队将开始创作调研报告。这份报告对团队各成员有三方面重要价值：第一，报告撰写的过程将促使团队成员对目标行业与企业形成深层与系统的理解，进一步提升企业职务能力；第二，深度调研报告是高端资历，对各位未来求职和考研所面对的考官与导师都有很大吸引力，是证明你足够优秀的强力证据；第三，这份报告是帮助成员连通目标行业龙头企业的"敲门砖"。当各位同学把这份报告递交给目标行业中任何企业的相关人员，对方一定会感兴趣，并愿意与大家建立持续合作关系。在这种合作关系基础上，各位同学进入该企业的概率将数倍提升。

【案例】

于2019年成功入职世界五百强电子商务行业龙头企业J公司的W同学。W同学毕业于一所普通的二本院校，他和16名同学在大学期间组建了调研团队，深度研究了J公司及其所在行业的其他三家竞争机构，并撰写了一份120余页的行业与企业研究报告。正因为这份报告，W同学顺利通过了正常情况下只有211高校学生才能过关的资历筛选。随后，在大多数为985名校学生的面试考场上，当其他人都在极力阐述自己在校期间多么勤奋聪明、多才多艺，并考下无数证书等常规优点时，W同学直接说出他和团队曾经研究了J公司以及其所在行业，发现了16个关键问题，并提出了优化建议和解决方案，还撰写了一份120余页的高质量行业企业研究报告。现场所有面试官对其阐述的内容产生很大兴趣，接下来的问题全部集中在调研项目上。面试后，他一举战胜了99%的对手，获得录用通知。他用同样方式，还拿到了另外9家著名企业的录用通知。因为，他的研究及优化建议虽然是针对J公司，但这种企业深度研究成果，不仅能打动J公司，同样也会得到其他公司管理层认可与欣赏。

如果各位同学能像W同学一样，与团队一起坚持不懈，克服困难，认真完成自身职业发展领域的龙头和明星企业深度调研，并创作高质量研究报告，那么大家一定能够在竞争激烈的知名企业校招大战中，以特殊优势脱颖而出，顺利通达理想目标。

深度调研报告的创作与撰写，主要由以下6部分构成：

（1）第一部分"综述"，主要简述调研目的、调研对象、调研指标、调研渠道、调研方法和调研结果。

（2）第二部分"调研结果展示"，主要是按照1~3级调研指标，将直接采集的基本信息、经过分类统计的整合信息和需要关注的重点信息，以直观清晰的结构描述与展现。

（3）第三部分"基于调研结果分析的问题锁定"，主要通过对各项指标信息深度分析以及与竞争对手比较分析，发现并锁定部分企业职能问题和弱点。

（4）第四部分"问题解决方案建议"，主要针对锁定的部分企业职能问题和弱点，提出改进和优化建议。

（5）第五部分"未来调研规划"，主要表明如果企业愿意支持，团队将进行更大范围和更深层次的调研计划，也可根据企业需求进行定制化调研。还要强调虽然团队成员都是学生，但已有多个调研项目经验，并且可以调动数倍甚至更多同学参与未来调研。

（6）第六部分"团队介绍"，主要介绍本次调研团队成员的优秀能力与历史成果，并简介团队可以快速联合执行企业任务的其他优秀同学。

以上结构为创作深度调研报告的基本模型，大家可以直接引用，也可在此基础上发挥创意，不拘一格地设计出更好的创作结构。

第二篇

职业发展定向准备

第 10 章　企业求职专项准备

经过之前的各项学习与训练任务，大家的三类高端能力及其相应资历已经多次升级，更加优秀。接下来，我们就要进入通达高质量就业的求职专项准备阶段。

大学生的就业过程，可以抽象地概括为五个求职应聘关键环节所构成的价值链，每一个环节对应一种活动，具体包括：

（1）招聘信息的接收与处理。

（2）精确求职范围的锁定。

（3）求职能力与资历的强化。

（4）针对企业招聘考测模式的准备与训练。

（5）就业目标的选定。

各项活动效率综合决定了最终就业效果。我们在已具备的行业企业知识、高端能力与资历和相关人脉资源的基础上，进一步针对每项关键活动制定精细优化方案，可以充分激发与释放全环节的潜力，实现就业效果的最大优化。

10.1 招聘信息的接收与处理

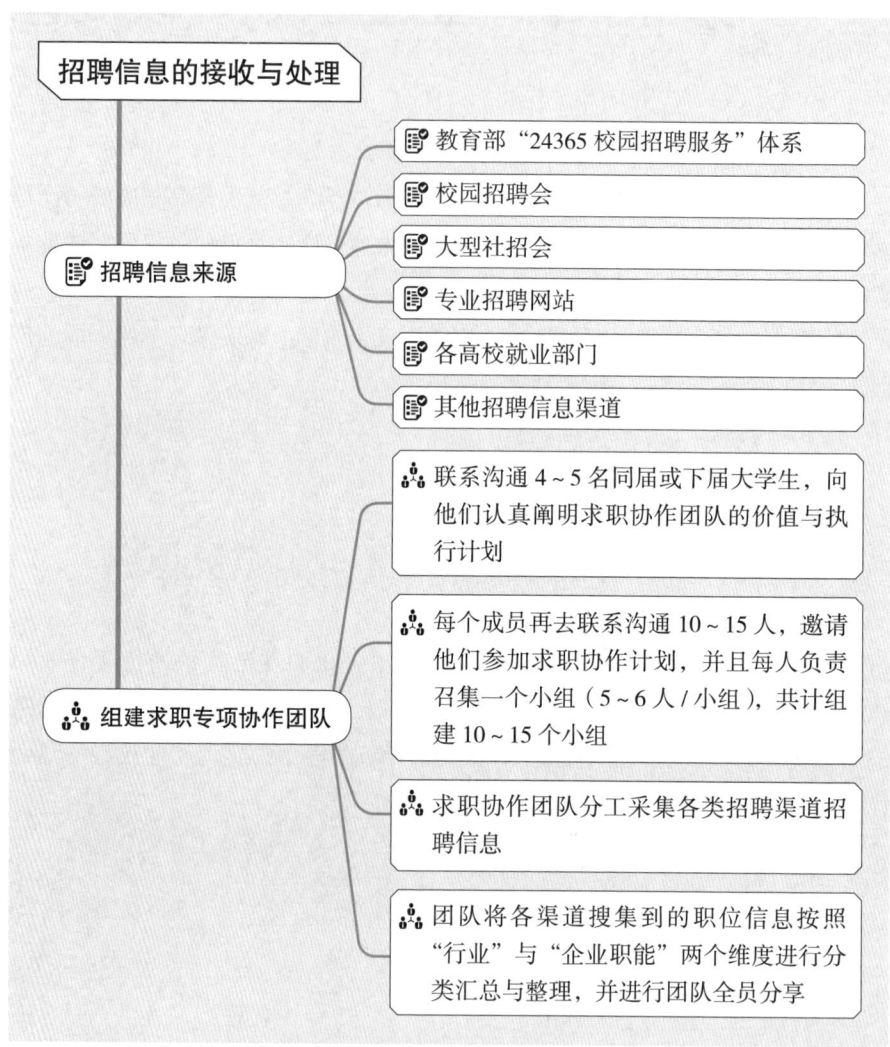

企业招聘信息的投放与求职大学生信息的接收之间,一直存在多种问题,导致信息传递总是层层衰减。多数大学生对海量招聘信息应接不暇,仅能有效处理不到 10% 的招聘信息,错失了很多就业良机。

招聘信息的来源有教育部"24365 校园招聘服务"体系、校园招聘会、大型社招会、专业招聘网站和各高校就业部门等十余种招聘信息渠道。在招聘季,各类企事业单位往往通过以上渠道集中发布招聘岗位需求,导致短期释放的招聘信息远超单个学生的采集消化能力。面对过载信息，很多学生仅凭自身有限精力，仅能随意接受与处理很小比例的招聘信息，结果错失了大量就业机会。

因此，我们必须全面提升招聘信息的接受与处理能力。大家需要在原有团队基础上组建求职专项协作团队，分工采集全渠道招聘信息，再按行业与企业职能的逻辑框架，进行整理筛选并及时传递给每个成员。主要步骤如下：

（1）联系沟通4~5名同届或下届大学生，向他们认真阐明求职协作团队的价值与执行计划。

（2）每个成员再去联系沟通10~15人，邀请他们参加求职协作计划，并且每人负责召集一个小组（5~6人/小组），共计组建10~15个小组。

（3）求职协作团队分工采集各类招聘渠道招聘信息。

（4）团队将各渠道搜集到的职位信息按照"行业"与"企业职能"两个维度进行分类汇总与整理，并进行团队全员分享。

大家按照以上团队协作模式，可以数倍提升对招聘信息的接收处理效率。

10.2 精确求职范围的锁定

协作团队模式，可让大学生获取上千家企业的招聘信息。但由于时间精力的限制，真正能实施求职行动的企业目标，可能不超过50家。

从成百上千家招聘企业中及时精确地锁定付诸行动的求职范围，是不仅影响求职效率，而且关乎人生发展的重要决策。

在针对历届学生的就业调查中，我们发现很多同学在求职目标选择过程中，容易陷入四种低效状态：①漫无目标；②选择目标过少；③选择目标过慢；④选择目标过高。

究其原因，缘于学生对社会体系不了解，无法穿越海量信息，做出正确选择。目前各种渠道来源的招聘信息，主要是以企业为单位，按职能岗位分类发布的。而大学设置的专业学科与企业职能岗位并不是一个体系，学生仅从字面上无法了解岗位的内涵，难以判断锁定适配自身专业与能力的企业职能岗位。

各位同学在之前的学习与训练中已经了解了行业体系与企业主体职能，为进一步提高求职的精准性和适配度，我们还应该通过"学科专业-行业职能适配矩阵"认知大学专业与企业职能的适配关系，并综合考虑自身竞争力、竞争强度和就业地区等因素。接下来，在意向目标行业所有招聘企业中，锁定更精确的求职企业与岗位范围。大家锁定此范围为最优职业目标，集中精力与资源去完成后续求职步骤，求职效率必然再次提升。

其实，锁定最优职业范围的意义已经超越了求职，因为这将开启充满热爱与动力的人生。

10.3 求职能力与资历的强化

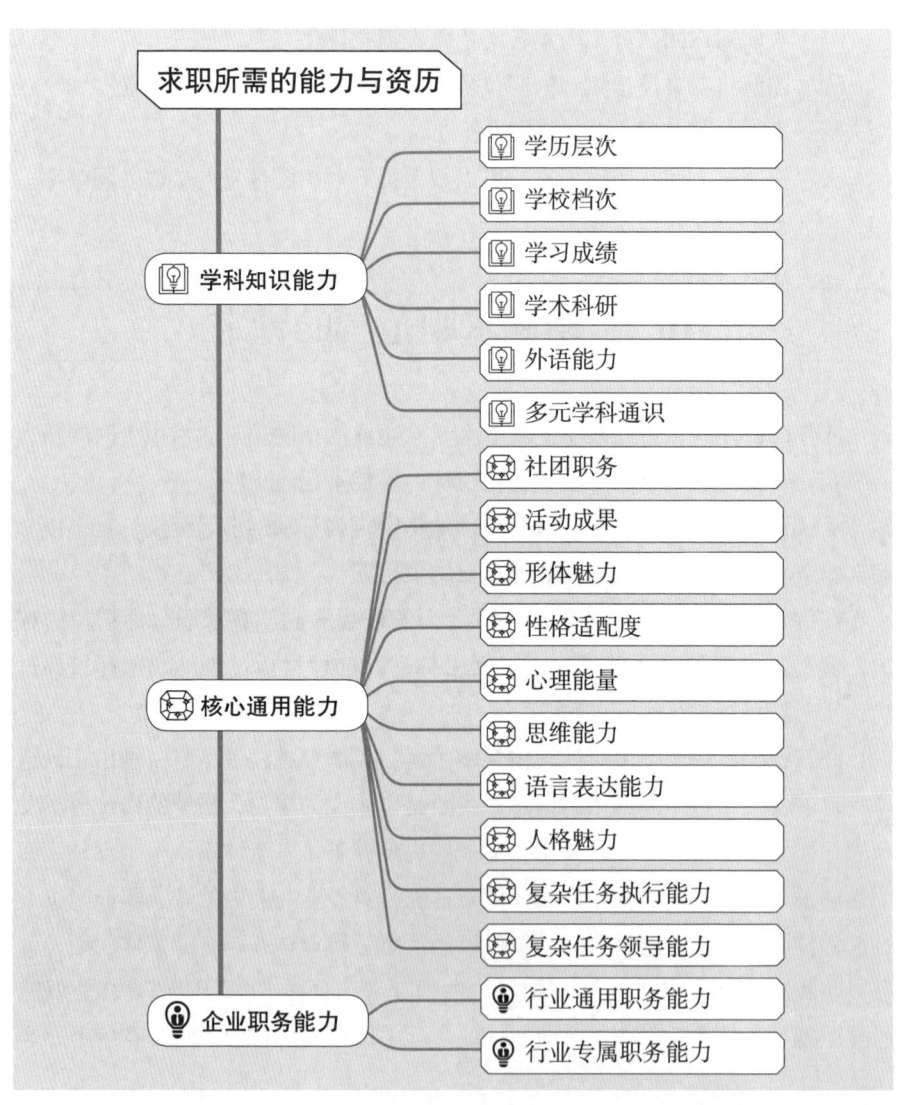

当大学生锁定了求职目标范围，接下来就需要根据目标企业的要求，进行能力与资历的专项强化。

求职能力与资历的强化是就业价值链上最重要的环节。企业对人才的选聘，其实质都是基于高端能力与高价值资历的评估选拔。各位同学已经在多项任务历练中大幅度提升了能力与资历，但在求职应聘阶段，才是真正发挥能力与资历价值的时候。所以，我们必须再接再厉，冲刺强化求职所需的能力与资历。

根据代表全行业招聘要求的 1 277 家龙头企业的深度分析，企业主要通过 18 个指标对大学生的三类高端能力来评估。其中 6 个指标评估学科知识能力，12 个指标评估核心通用能力与企业职务能力。各项能力指标的评估值主要由现场能力表现与高价值资历所综合决定。

常态环境下，大学生普遍对企业所需大部分能力与资历了解程度较低，更缺乏专项学习与训练。但对已经完成或部分完成了之前学习与训练任务的同学，应该在已有良好基础之上重点完成以下任务：

（1）以团队模式，按照针对已锁定精确求职范围的行业排名前三和准备应聘的企业，进行快速深度研究，对部分职能提出改进意见，并创作研究与改进建议报告。

（2）认真汇总整理之前完成的所有企业研究任务与报告。

（3）认真汇总整理之前完成的企业样本市场品牌推广与营销实施任务。

（4）根据汇总整理的自己完成的所有企业关联任务经历和研究报告，提炼创作展示、阐述和问答的一阶逻辑与内容。

（5）在提炼创作的一阶逻辑与内容中融入所学行业与企业知识，形成具有一定商业知识结构的二阶逻辑与内容。

（6）根据二阶逻辑与内容，进行展现心灵能量、语言表达能力、人格魅力、执行能力与领导能力的集中强化训练。

由于大部分学生的求职能力往往都处于基础状态，所以完成上述步骤之后，大家求职所需的各项高端能力及其展现水平将再次较大幅度提升，形成更大的竞争优势。

10.4 针对企业招聘考测模式的准备与训练

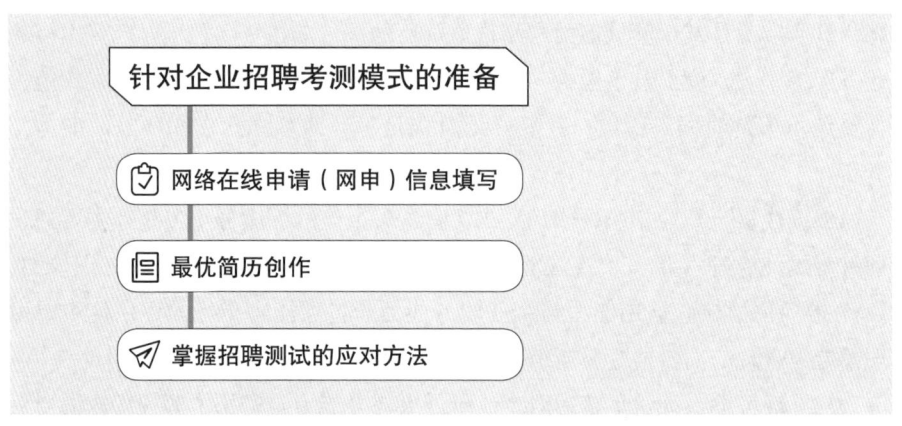

当求职能力专项提升之后，大学生就要凭借能力与资历，走向各大企业的招聘考场。虽然企业招聘的实质是对能力的评估，但如果求职者不熟悉企业考测模式与题型，能力的展现效果将会打折。因此，大学生应该针对企业招聘考测的重点项目，做好以下准备工作。

10.4.1 网络在线申请（网申）信息填写

应聘第一步是根据招聘信息投递简历。通常企业接收简历的第一步被称为网络在线申请，指的是在企业网站或者第三方专业招聘网站让应聘者按照企业设定的信息结构和关键字段，在线填写提交自己的求职信息，然后通过系统和人工方式进行筛选。

很多知名企业不直接通过邮箱采集和筛选简历，因为优秀企业吸引力大，如采用这种方式，平时每天都会收到上百份简历，到了应届毕业生招聘旺季，甚至一天可收到上万份简历，人力资源部门根本看不过来。因此，设定结构化信息筛选条件，对应聘者进行系统筛选，过滤大量不符合基本要求的应聘者之后，再由人力资源部门进行人工审核。

网络申请所需填写的结构化信息，其实质就是求职简历的部分内容。因此，我们在精心创作简历的同时，也就同步准备了网络申请所需的结构化信息。

10.4.2 最优简历创作

通过了网申环节后,应聘者通常会被要求提供一份完整简历以供审核和后续面试评估。简历十分重要,因为人力资源或其他职能部门的招聘人员在没有直接感知你的各项能力之前,只能通过简历去预估你的能力状态,包括你的活动成果、团队领导经历等各种高价值资历信息。

招聘人员主要从两方面对应聘者简历进行评估:

① 高价值资历的数量与质量;

② 高价值资历的真实性。

简历传递的所有信息中,有 3 类关键信息需要精心准备与展现,按重要性可以分为 1~3 级:

(1)第 1 级重点信息

① 可能超越 90% 以上竞争者的团队职务信息;

② 可能超越 90% 以上竞争者的高端能力证据信息;

③ 高价值活动成果;

④ 各类竞赛成绩。

(2)第 2 级重点信息:推荐信

(3)第 3 级重点信息

① 理想简述;

② 性格描述；

③ 职务意向。

能让招聘人员眼前一亮，产生兴趣的简历，需要具备逻辑顺畅、重点突出和有理有据等特点。各位同学可以遵循以下逻辑排列顺序进行最优简历创作。

- 求职综述

在简历的最前面，可以加一小段求职综述。它可以看作是给招聘官的一封简短的信，其实是把结构化信息融合文学色彩和影响力，将你的基本信息、理想简述、性格特质、重要活动成果、求职意愿等以更艺术和人性的形式亲切展现。

试想一下，当招聘官在众多千篇一律格式化简历中，不断抗拒着机械阅读带来的审美疲劳，突然看见这样一段有些散文意味的自我描述，自然会心生好感。

- 基本信息

例如姓名、性别、生日、毕业院校、专业、学历、学积分、外语水平、计算机水平、籍贯、健康状况和联系方式等。

- 理想简述

理想简述比较重要，不仅是简历，在后续面试问答中也会涉及。因为，一个人有什么样的理想，就会有与之相关的目标和动力。他的行为和计划，都会因为实现理想而调整优化。

- 性格描述与职务意向

性格描述和职务意向，对应的考核指标是"性格适配度"。性格是由一个人对各类事物的兴趣程度所形成的情感结构，而职务意向是指求职者选择应聘的职能部门。如果求职者的性格特质与所选职能部门工作越适合，考核指标"性格适配度"的得分就越高。

通过对性格描述和职务意向分析，招聘官才能判断应聘者是否匹配该岗位并向对应部门推荐，完成人力资源部帮助其他职能部门"找对的人"和"找优秀的人"的基本目标。

大家如果在简历中对自身性格的描述与职业意向比较匹配，相当于说明自己高概率喜欢未来的工作，这将有利于简历"过关"。

- 团队职务

精选列出自身已有团队职务信息，包括学生会、研究生会等官方组织职务，也包括非官方的各种社团和企业联动项目负责人等职务。

如上述均无，则可以列出求职协作项目团队的职务，但必须强调说明自己在项目团队中承担任务的复杂性和高难度。这也可以体现一定程度的核心通用能力与企业职务能力。

- 高价值活动成果

先精选列出以往经历中的高价值活动成果。如果确实缺少此类资历，可以同团队职务的解决方法，列出在求职协作项目团队的各项任务中，自己主导和深度参与完成的复杂活动及其成果。

- 竞赛成绩

其实质也是一类高价值活动成果。由于大多数企业都认为各类竞赛成绩（尤其商业策划与创新创业类竞赛成绩）是一名大学生具备自信和优秀能力的重要证据。校级、省市级甚至是国家级的竞赛成绩，不仅是多项高端能力的有力佐证，还能帮助某些学校和学历层次"吸引力不足"的同学在跨层级竞争中变道超车，跃迁胜出。

- 企业高阶实践

高阶实践是指大学生完成超越常规实习的更复杂和更高价值的企业任务。例如深度调研企业、创作企业职能优化报告、在样本区域推广企业品牌和完成企业销售任务等。

企业高阶实践经历，将帮助求职者在求职竞争天平上增添重量级砝码。因为，这些资历直接对应18项能力指标中最高权重的企业职务能力。

- 常规实习

常规实习是几乎所有大学生都有的经历，仅简述即可。

- 推荐信

如能找到政界、商界和学术界有一定成就与影响力的人士给自己写一封推荐信，可以提升求职竞争力。

10.4.3 掌握招聘测试的应对方法

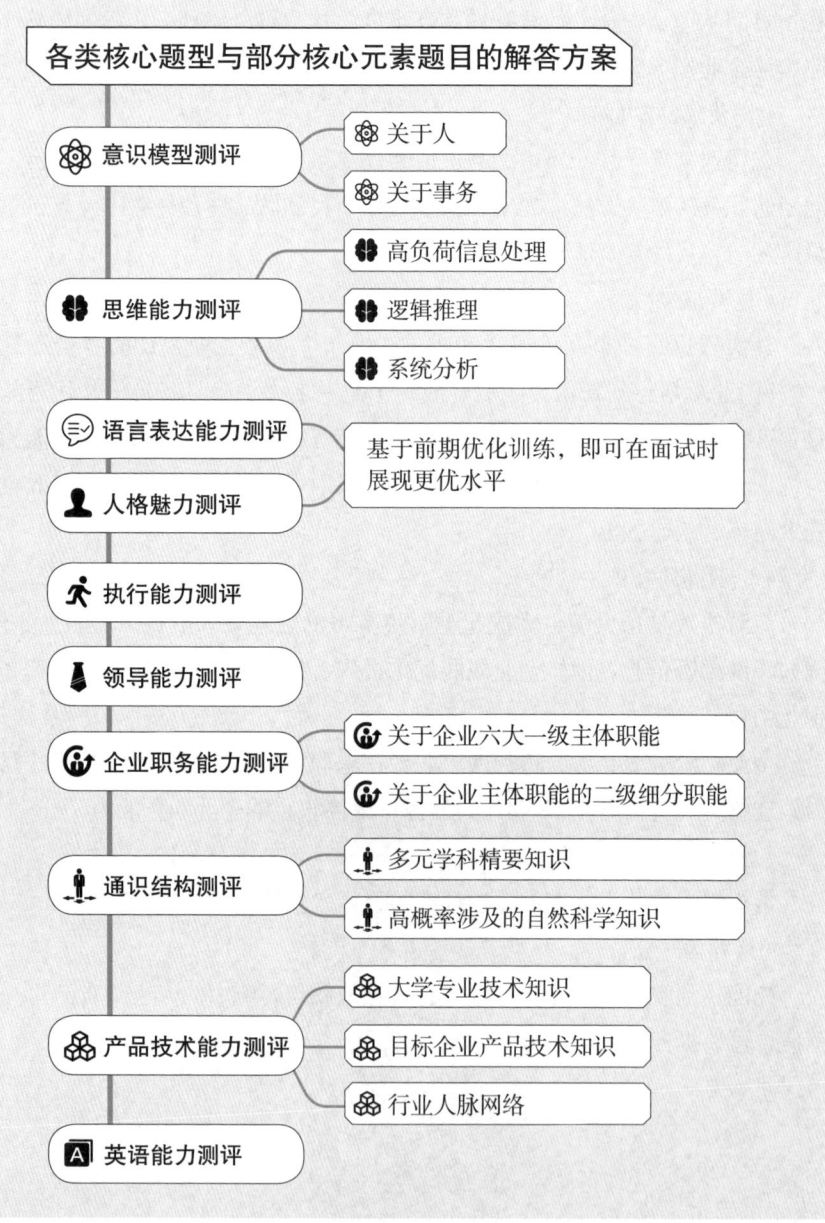

简历展现的是求职者具备各种能力的历史证据。通过简历筛评后，大家将参加招聘笔试和面试。这两种测试的目的是通过直接考察应聘者的现场表现来判断其各项能力的优秀程度，并且确定其简历所述信息的真实性。

企业招聘笔试与面试的测评题目貌似有无限可能，其实绝大多数题目都归属于十类核心题型，并且除了部分技术岗位外，大部分求职者最多只会遇到九类考测题型。这九类核心题型，则是由70多道核心元素题目的组合拆分而成。

万学教育集团通过对上千家行业龙头和典型企业招聘测试题库的全面总结与深度分析，将企业招聘测试笔试与面试题目归纳提炼为十类核心题型：意识模型、思维能力、语言表达能力、人格魅力、执行能力、领导能力、企业职能、产品技术能力、外语能力和多元通识能力。

笔试主要考察以下五类题型：思维能力、企业职务能力、多元通识能力、产品技术能力和外语能力。

面试则可能考测所有题型，一般分为单人面试和团队面试。单人面试又分为"1对1"和"多对1"两种。面试官数量不同，但考察实质内容是相同的。

下面简介各类核心题型与部分核心元素题目的解答方案。

• 意识模型测评

人类行为与能力的源头是思想意识。意识模型测试的目的是分析应聘者思想意识的"源代码"，从而判断其各种行为的深层与根本驱动力。此类题型的核心元素题目主要围绕应聘者的价值观、人生观和世界观等基本认知问题，大致分为以下两类：

第一类是关于人的，包括关于自己和关于别人。例如"自我介绍""你希望成为什么样的人""你周围的人如何评价你""你的理想""你的爱好与特长""你的优点与缺点""你的成功与失败经历""你喜欢和崇拜的人""喜欢你的人"和"对你影响最大的人"等。

第二类是关于事物的，主要是指一些有特定意义的事物。例如"对事业与人生的看法和规划""对成功与幸福的看法""为什么应聘我们公司"和"对薪酬和职位的期望"等。

• 思维能力测评

主要考核高负荷信息处理、逻辑推理和系统分析三种复杂思维能力。除了笔试中直接考核之外，还可以通过面试交流沟通，让应聘官间接感知判断。

对于高负荷信息处理与逻辑推理能力，可以通过完备高难题型专项训练快速提升。对于系统分析能力，可以在已完成的多项复杂任务的基础上进行深度分析训练，从而再次提升。

• 语言表达能力与人格魅力测评

一般没有专项考核问题，均可在其他问题回答过程中进行考核。同学们只要基于前期的优化训练，即可在面试时展示优秀水平。

• 执行能力和领导能力测评

执行能力与领导能力的测评题目虽然在形式上五花八门，但在全面研究总结后，可归纳提炼为11种核心元素题。现实招聘所考的各种题目，多数都是这11种核心元素题目的组合转化。

关于执行能力的考测，主要是以下5种核心元素题目：

① 阐述曾经因为你的创意、方案或技能，将一项困难而有意义的任务成功完成的过程。

② 阐述曾经因为设定了合理目标，将一项困难而有意义的任务成功完成的过程。

③ 阐述曾经因为设定了关键步骤，将一项困难而有意义的任务成功完成的过程。

④ 阐述曾经因为整合了关键资源，将一项困难而有意义的任务成功完成的过程。

⑤ 阐述曾经因为与他人积极合作，将一项困难而有意义的任务成功完成的过程。

关于领导能力的考测，主要是以下7种核心元素题目：

① 阐述曾经因为有效配合团队领导者，将一项困难而有意义的任务成功完成的过程。

② 阐述曾经因为你说服了有不同意见的人，将一项困难而有意义的任务成功完成的过程。

③ 阐述曾经为了完成一项困难而有意义的任务，组建团队的过程。

④ 阐述曾经因为对团队成员进行了有效激励，将一项困难而有意义的任务成功完成的过程。

⑤ 阐述曾经因为对团队成员进行了有效分工，将一项困难而有意义的任务成功完成的过程。

⑥ 阐述曾经因为对团队成员进行了有效指导，将一项困难而有意义的任务成功完成的过程。

⑦ 阐述曾经因为对团队成员进行了有效监督，将一项困难而有意义的任务成功完成的过程。

求职者只要将前期完成各项高价值任务完成的真实经历与以上核心元素题相结合，认真准备、努力演练，就能在招聘考场之上展现优秀的执行与领导能力。

- 企业职务能力测评

这是与企业职能部门任务直接关联的招聘考测题型，专项评估求职者为企业直接创造价值的能力。如果我们能在此类题型的测评中展现较强能力，将会大幅度提升求职成功概率。

企业职务能力测评主要有以下两类题型：

第一类主要关于企业六大一级主体职能，考察求职者对自己意向目标职能部门及任务的基本认知。例如"简述对产品研发的看法""如何才能做好市场营销"和"人力资源的最关键工作是什么"等。

第二类主要关于企业主体职能的二级细分职能，虽然二级细分职能有30多项，但针对应届毕业生主要考察其中六项。例如"简述如何策划和完成一项市场调研任务""简述如何策划和完成一项促销任务""简述如何策划和完成一项品牌推广任务"和"简述对一种产品的评价与改进建议"等。

如果各位同学按照本书前面章节要求，完成了部分企业关联训练任务，那么只要将自身经历结合考察企业职务能力的两类十余种核心元素题型，进行专项准备与演练，即可在招聘考场上轻松对答、脱颖而出。

- 通识结构测评

此测评是考察在本专业知识之外的整体知识结构。一个人的知识结构对其理解与吸收新知识的效率有着较大影响，所以，部分企业和职务岗位会进行专项考察。例如"谈谈你所学专业之外的某个领域""谈谈你对经济的看法""谈谈对你影响最大的一本书"和"谈谈你最熟悉的一段历史"等问题。

通识结构题目涉及范围较广，主要通过两方面准备工作提升应对能力。首先，在学科知识能力优化训练阶段，完成多元学科精要知识学习任务是极其重要的基石；其次，在求职准备阶段，针对通识结构考察中高概率涉及的40余个自然科学、社会科学和商业领域专题，进行专项学习与准备。

- 产品技术能力测评

产品研发和生产部门的部分岗位需要对求职者进行测评产品技术测评。我们主要通过三方面准备工作提升应对能力：一是大学专业技术知识的掌握与复习；二是针对目标企业产品技术知识的补充学习；三是通过行业人脉网络更加精准地了解目标企业产品技术类测试题的考察范围与规则。

- 英语能力测评

除了必须运用英语的岗位，绝大多数企业与岗位在招聘考测中对英语能力的测评都是简化模型。英语能力测评的内容，被其他九种核心题型的考测与应对内容所完全覆盖，只是转化为英语而已，并且问题都更简单。我们只需按其他九类核心题型的简化内容准备英语版即可。

各位同学将大学期间通过各项高价值活动所训练收获的高端能力和资历，融合十类招聘考测核心题型的应对方法，进行内容准备与团队演练，必将大幅度提升求职成功率。

10.5 就业目标的选定

一名大学生求职者，如果完成了以上四项关键活动，一定能获得不少录用意向。曾经有很多学生由于拿 offer 越来越顺利，因此激发了更大希望，坚定等待更多、更好的 offer，结果在等待中错失最重要的机会。当然，部分学生犹豫不决，是因为无法判断目标企业到底适不适合自己。而对于已经按照本书所述科学步骤完成求职关键活动的学生，则已有足够能力判断企业的适配性。所以，只要拿到了适配企业的录用通知，一定要倍加珍惜，迅速决策。凡是优秀的企业，给求职者的等待期相对较短，因为追求它的人不计其数。对于既优秀又适配自己，还愿意录用你的企业，一旦错过，短期很难再有。因此建议各位同学，当所获适配范围的企业录用通知超过 5 个之后，切勿瞻前顾、优柔寡断，务必加速选定决策。

大家只要按照以上方案精心准备与实施，一定能有效促进求职应聘的每个关键活动，让我们的最终求职效率提升两倍以上，从而大幅度优化就业质量。

第 11 章 考研专项准备

11.1 考研专项准备综述

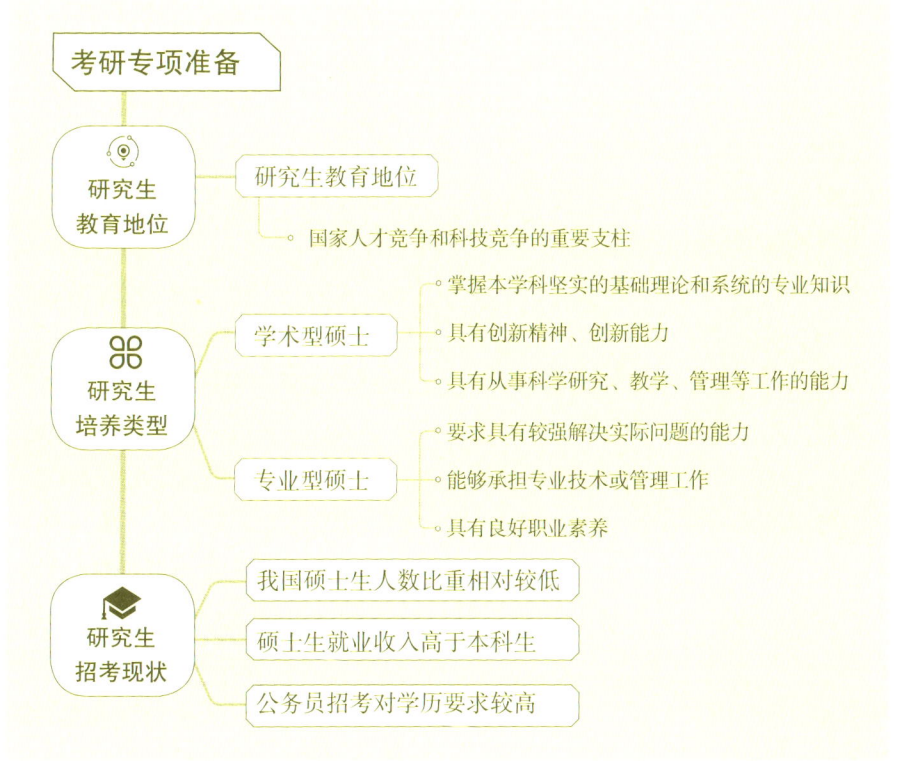

学业是培育价值创造能力的活动,主要分为本科生、硕士研究生、博士研究生层级。硕士研究生教育是本科毕业之后继续进行深造和学习的一种教育形式。学位与研究生教育发展"十三五"规划强调:研究生教育作为国民教育体系的顶端,是培养高层次人才和释放人才红利的主要途径,是国家人才竞争和科技竞争的重要支柱,是实施创新驱动发展战略和建设创新型国家的核心要素,是科技第一生产力、人才第一资源、创新第一动力的重要结合点。

硕士生培养单位招收硕士研究生,旨在培养热爱祖国,拥护中国共产党的领导,拥护社会主义制度,遵纪守法,品德良好,具有服务国家服务人民的社会责任感的高层次人才。高层次人才在学科知识能力、核心通用能力和企业职务能力三个维度具有高端结构和强度。

硕士研究生按照培养方向分为学术型硕士和专业型硕士两类。其中学术型硕士要求掌握本学科坚实的基础理论和系统的专业知识,具有创新精神、创新能力和从事科学研究、教学、管理等工作能力;专业型硕士要求具有较强解决实际问题的能力、能够承担专业技术或管理工作、具有良好职业素养。

专业硕士已成为高层次人才的培养重点,相关部门大力推进专业学位与职业资格的有机衔接,实施"国家产教融合研究生联合培养基地"建设计划,大力开展研究生联合培养基地建设,着力提升实践创新能力。招生人数扩大和就业质量提升,已成为专业硕士考生报考的首选项。

《2019年全国教育事业发展统计公报》指出,目前全国共有研究生培养机构828个,其中普通高等学校593个,科研机构235个。《关于加快新时代研究生教育改革发展的意见》指出,近70年来,我国累计培养1 000万余名博士和硕士生,2020年在学研究生达到300万人。2020年硕士研究生招生规模扩大到110万人左右。我国研究生教育快速发展,已成为世界研究生教育大国。到2035年,我国将初步成为具有中国特色的研究生教育强国。据统计,目前我国硕士生在同龄人中所占比重仅为4.08%,低于欧美发达国家硕士生所占比重。

现阶段,从典型院校实际就业情况来看,研究生的薪资收入整体高于本科生。而对于有志于进入国家行政体系的公务员,研究生也属于具有竞争力的群体。高学历带来的是更高价值回报,因此硕士研究生的报考热度不断提高。2021年考研报考人数377万,较2020年341万增加了36万,增幅10.6%。行业专家表示:考试报名巨量增加,远高于录取增幅,因而会存在大量落榜生选择"二战"。再者由于新型冠状病毒肺炎疫情的持续影响,毕业生就业会受到一定冲击,预计2022年考研报考人数将再次大幅增加。因此,要想决胜考研、脱颖而出,早准备、早启动将成为考生应对研究生考试的基本要求。

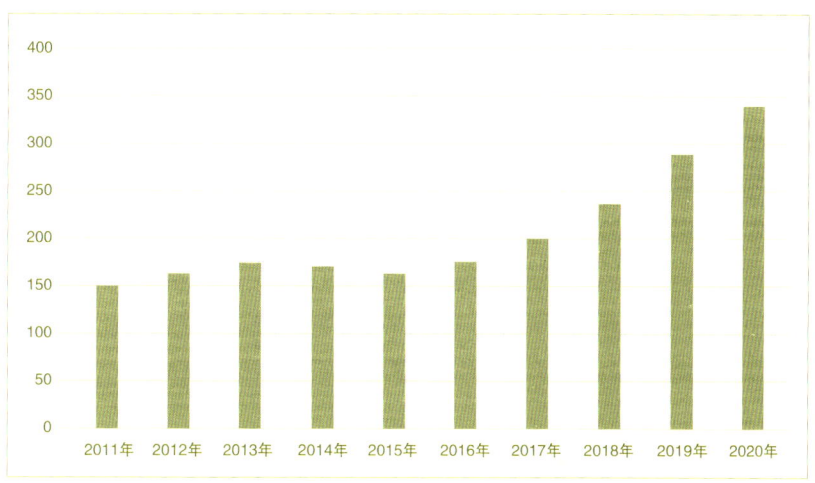

2011—2020年硕士研究生报名人数　（单位：万人）

11.2 考研政策与全流程详解

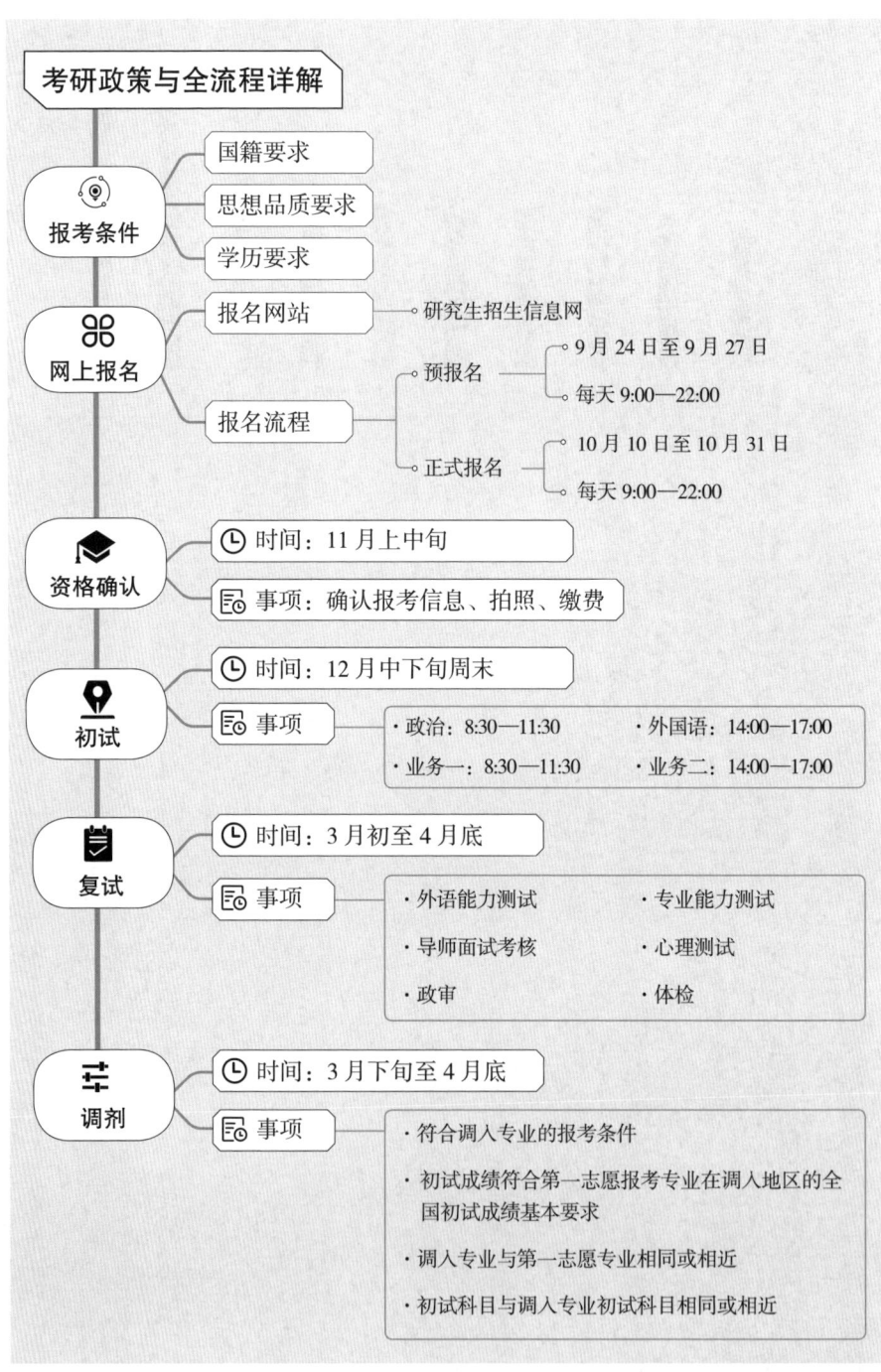

11.2.1 报考条件

报名参加全国硕士研究生招生考试的人员，其学业水平要求如下：①国家承认学历的应届本科毕业生及自学考试和网络教育届时可毕业本科生。②具有国家承认的大学本科毕业学历的人员。③获得国家承认的高职高专毕业学历后满2年或2年以上的人员，以及国家承认学历的本科结业生，符合招生单位根据本单位的培养目标对考生提出的具体学业要求的，按本科毕业同等学力身份报考。

11.2.2 网上报名

参加研究生入学考试的考生，通过"中国研究生招生信息网"进行报名。报名分为网上预报名和网上正式报名。其中网上预报名时间为9月24日至9月27日，每天9:00—22:00，主要针对应届本科毕业生；网上正式报名时间为10月10日至10月31日，每天9:00—22:00，针对全体考生，两次报名同样有效。相比于有多个平行志愿的高考，研究生报名仅有一个志愿。

11.2.3 资格确认

所有考生（不含推免生）均应当在规定时间内到指定地点确认本人网上报名信息，同时按照规定缴纳报考费，配合采集本人图像等相关电子信息。信息确认通常采用现场确认和网络确认两种，确认时间一般为11月上中旬。

11.2.4 研究生初试

初试时间通常是12月中下旬的某周末，每天上午8:30—11:30，下午14:00—17:00。初试方式均为笔试。第一天上午：思想政治理论，满分100分；第一天下午：外国语，满分100分；第二天上午：业务课一，满分150分；第二天下午：业务课二，满分150分。

教育学、历史学、医学门类初试设置3个单元考试科目，即思想政治理论、外国语、专业基础综合，满分分别为100分、100分、300分。

会计、图书情报、工商管理、公共管理、旅游管理、工程管理和审计等专业学位硕士初试设置两个单元考试科目，即外国语、管理类联考综合能力，满分分别为 100 分、200 分。

11.2.5　研究生复试

　　初试结束之后，2 月份开始公布考生成绩，3 月初公布参加复试的分数线。复试分数线分为 34 所自划线院校和国家基本分数线。34 所自划线院校主要是北京大学、清华大学、中国人民大学、上海交通大学、浙江大学等，这些院校根据当届考生的报名情况和上线情况划定分数线，可以低于国家分数线；但是由于这些硕士点竞争激烈，其分数线通常高于国家分数线。

　　国家分数线以学科门类为维度，划分为哲学、经济学、法学、教育学、文学、历史学、理学、工学、农学、医学、军事学、管理学、艺术学 13 个学科的学术硕士、专业硕士和特殊照顾专业分数线，然后又以地区为维度，划分为一类和二类地区，两个维度行列交错，形成了国家分数线矩阵。

2020 年全国硕士研究生考试考生进入复试的初试成绩基本要求（国家线）学术型学位类

学科门类（专业）名称	A 类考生			B 类考生		
	总分	单科（满分=100 分）	单科（满分>100 分）	总分	单科（满分=100 分）	单科（满分>100 分）
哲学	300	42	63	290	39	59
经济学	343	48	72	333	45	68
法学	325	46	69	315	43	65
教育学（不含体育学）	331	46	138	321	43	129
文学	355	52	78	345	49	74
历史学	324	44	132	314	41	123
理学	288	40	60	278	37	56
工学（不含工学照顾专业）	264	37	56	254	34	51
农学	253	33	50	243	30	45
医学（不含中医类照顾专业）	300	42	126	290	39	117
军事学	265	37	56	255	34	51

续表

学科门类 (专业)名称	A类考生			B类考生		
	总分	单科(满分=100分)	单科(满分>100分)	总分	单科(满分=100分)	单科(满分>100分)
管理学	345	49	74	335	46	69
艺术学	347	38	57	337	35	53
体育学	277	35	105	267	32	96
工学照顾专业	254	34	51	244	31	47
中医类照顾专业	300	41	123	290	38	114
享受少数民族照顾政策的考生	248	30	45	248	30	45

报考"少数民族高层次骨干人才计划"考生进入复试的初试成绩基本要求为总分不低于248分

2020年全国硕士研究生招生考试考生进入复试的初试成绩基本要求(国家线)专业型学位类

学科门类 (专业)名称	A类考生			B类考生		
	总分	单科(满分=100分)	单科(满分>100分)	总分	单科(满分=100分)	单科(满分>100分)
金融、应用统计、税务、国际商务、保险、资产评估	343	48	72	333	45	68
审计	175	44	88	165	39	78
法律(法学)、法律(非法学)、社会工作、警务	325	46	69	315	43	65
教育、汉语国际教育	331	46	69	321	43	65
应用心理	331	46	138	321	43	129
体育	277	35	105	267	32	96

续表

学科门类（专业）名称	A类考生			B类考生		
	总分	单科（满分=100分）	单科（满分>100分）	总分	单科（满分=100分）	单科（满分>100分）
翻译、新闻与传播、出版	355	52	78	345	49	74
文物与博物馆	324	44	132	314	41	123
建筑学、城市规划、电子信息、机械、材料与化工、资源与环境、能源动力、土木水利、生物与医药、交通运输	264	37	56	254	34	51
农业、兽医、风景园林、林业	253	33	50	243	30	45
临床医学、口腔医学、公共卫生、护理、药学、中药学	300	42	126	290	39	117
中医	300	41	123	290	38	114
军事	265	37	56	255	34	51
工商管理、公共管理、会计、旅游管理、图书情报、工程管理	175	44	88	165	39	78
艺术	347	38	57	337	35	53
享受少数民族照顾政策的考生	248	30	45	248	30	45

招生单位在国家确定的初试成绩基本要求基础上，结合生源和招生计划等情况，自主确定本单位考生进入复试的初试成绩及其他学术要求。复试是硕士研究生招生考试的重要组成部分，用于考查考生的创新能力、专业素养和综合素质等，是硕士研究生录取的必要环节，复试不合格者不予录取。复试办法和程序由招生单位公布。全部复试工作一般应在录取当年4月底前完成。

11.2.6 研究生调剂

调剂是指部分院校第一志愿无法完成招生计划，需要接受部分非第一志愿考生的情况。参加调剂的考生需要满足一定条件：符合调入专业的报考条件；初试成绩符合第一志愿报考专业在调入地区的全国初试成绩基本要求；调入专业与第一志愿报考专业相同或相近；初试科目与调入专业初试科目相同或相近，其中统考科目原则上应当相同。

顺利通过报名、初试、复试或调剂步骤，考生最终步入理想院校。通过以上过程可以看出数百万考生跌宕起伏的命运轨迹，并且只有那些努力拼搏并利用科学方法进行备考的考生才能最终获得幸运女神的青睐。

11.3 考研初试全科备考精细规划

考研是一个复杂的系统工程，其最终成败主要决定于九大核心变量，而九大核心变量又由对应的九大核心学习任务所驱动。全部考研学习过程就是由九大核心学习任务交织而成的多线程复杂任务系统。

考生执行九大核心学习任务的根本价值，就是用至多1790小时的有效学习时间，把数千知识模块内容学到超越85%竞争对手的程度。九大核心任务完成越好，考研越成功。

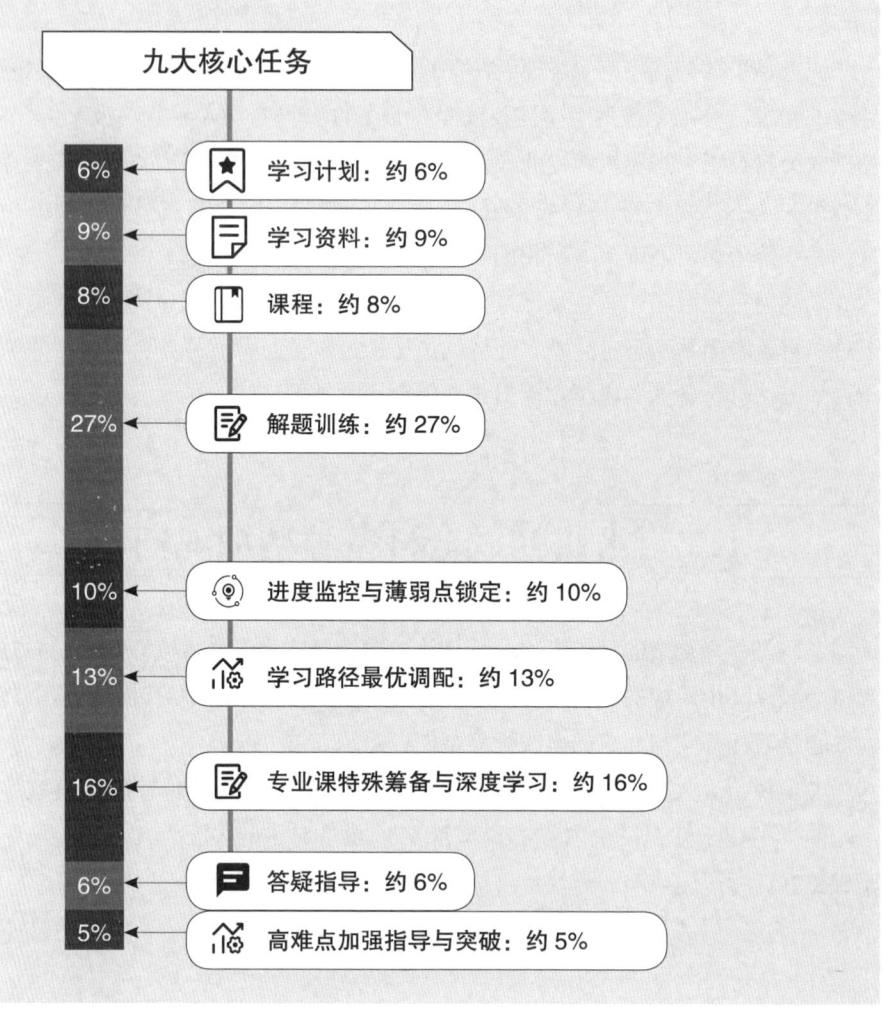

11.3.1 政治备考精细规划

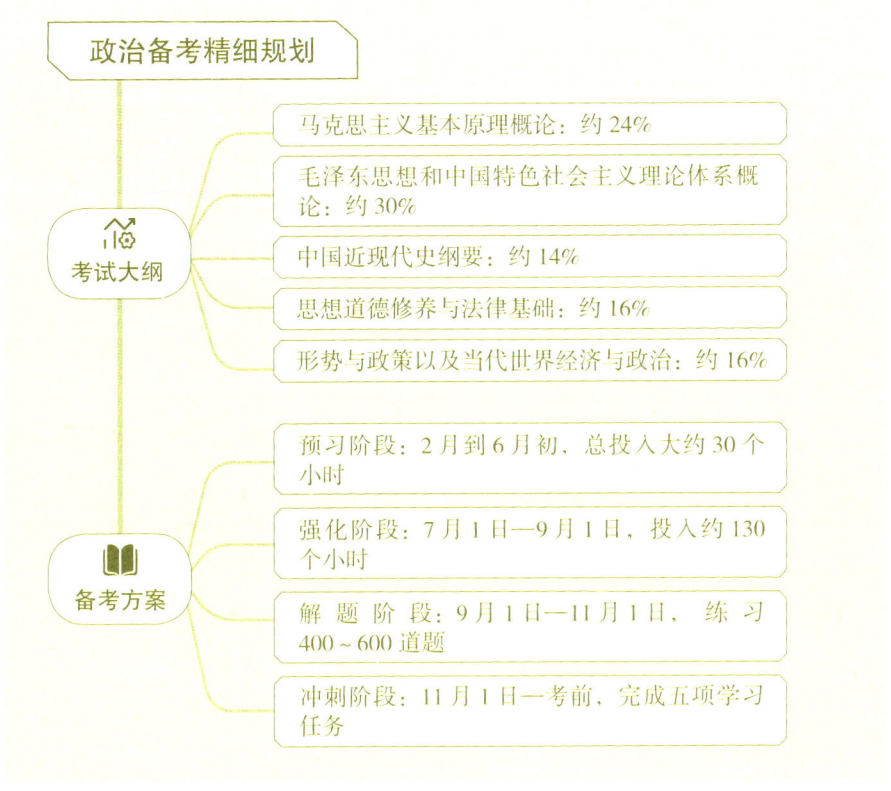

政治由马克思主义基本原理概论（约24%）、毛泽东思想和中国特色社会主义理论体系概论（约30%）、中国近现代史纲要（约14%）、思想道德修养与法律基础（约16%）、形势与政策以及当代世界经济与政治（约16%）五部分构成。五部分是有机相连的理论整体，共计41章126节1273个知识点和7709句话。国家政治命题组每年从1273个知识点中选出55～65个知识点整合成16道单选题、17道多选题和5道分析题来进行考核。

根据每年的考试情况来看，考研政治的平均分在55～60分之间小幅波动。再结合研究生考试各专业国家分数线要求来看，政治最低分数线是33分，最高分数线是54分。虽然每个考生的目标院校并不一样，但是要考上名校硕士点，至少要考到72分，投入时间为230～240个小时才能使政治这个科目不拖后腿。

政治学习主要分为四个阶段：

第一个阶段：2月到6月初，预习政治两部分，即马克思主义原理和中国近现代史纲要，投入时间大约30个小时。通过这两部分的基础课程，复习教材和练习约90多道基础题，并把不懂的知识点和习题熟练掌握。

每年政治科目的考研大纲变化最大，在新大纲颁布之前，政治五部分中，有三大部分的考试内容都可能有变化，但马克思主义原理和中国近现代史这两部分变化幅度较小，或者说没有实质性变化。所以，这两部分是整个政治理论的源点与基础，必须预习到位。

第二个阶段：暑假7月1日到9月1日，这一阶段需要投入的学习时间约130个小时，每个同学都要认真进行精细与强化课程的学习，完成精细教材的深度理解，完成200多道精选习题的解题训练，达到做真题约50分以上水平。

第三个阶段：9月1日到11月1日，强化记忆与解题训练阶段，要求对核心考点内容进行强化记忆，并掌握到纯熟程度。同时要进行覆盖全部政治考点题型的强化训练，练习高品质的400~600道题，并把所有难点疑点全部理解透彻，从而确保达到真题70分以上水平。

第四个阶段：11月1日到考前，冲刺稳定阶段。冲刺完成五项政治学习任务：

（1）根据前期复习所奠定的基础，在860多个中高价值知识点中分析并锁定你的薄弱知识点与题型，进行无遗漏补充学习与解题训练。

（2）背诵政治的核心考点知识与解题模板。

（3）完成10套增加难度的特殊模考题训练，确保稳定达到75分水平。

（4）通过各种方法，充分解决所有疑问，不留任何知识点盲区。

（5）考前5天左右，再完成几套预测题，做到万无一失。

11.3.2　英语备考精细规划

11.3.2.1　考研英语试卷题型

从2010年开始，全国硕士研究生入学考试的英语试卷分为英语（一）和英语（二）。英语（一）即原研究生入学统考"英语"，所有学术型硕士研究生（13大门类，110个一级学科）和部分专业型硕士研究生（法律硕士、临床医学硕士、口腔医学硕士、建筑学硕士、护理硕士、汉语国际教育硕士、公共

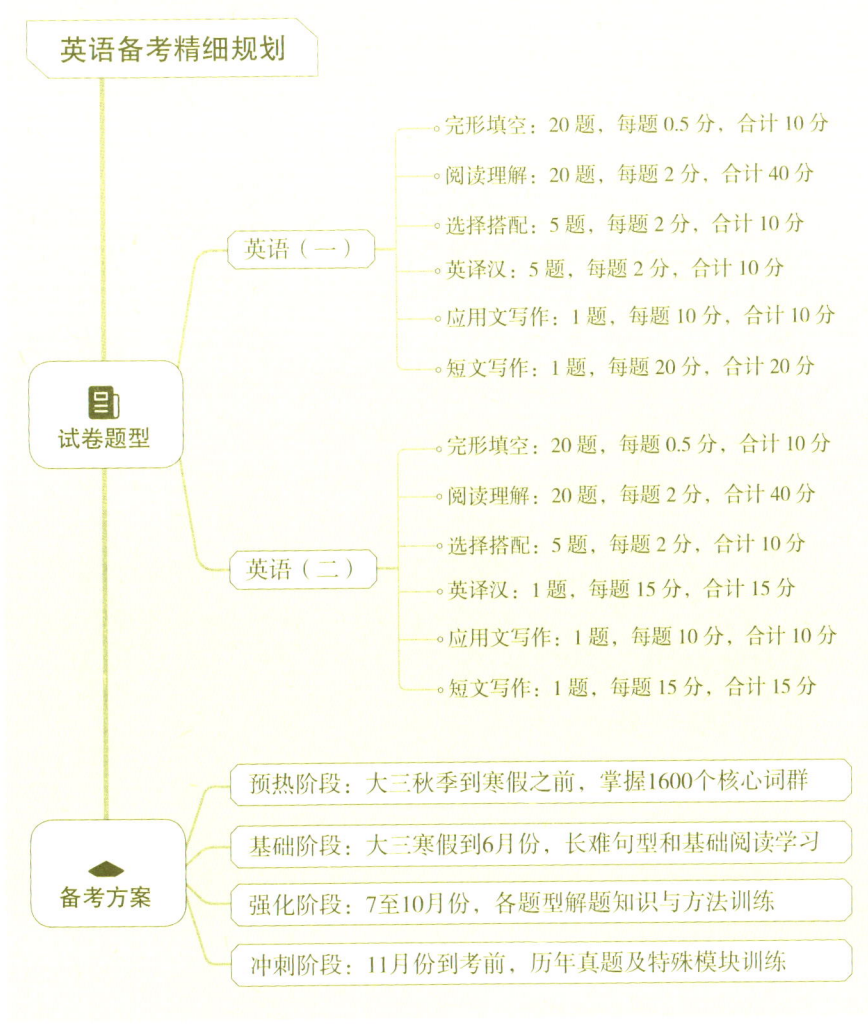

卫生硕士等)必考。英语(二)主要是为高等院校和科研院所招收不考英语(一)的专业学位硕士研究生而设置的具有选拔性质的统考科目。

2017—2019 年英语(一)试卷总体难度比较

年份	平均分	难度	标准差	a 信度
2017	53.94	0.539	13.78	0.8270
2018	48.61	0.486	14.00	0.8185
2019	48.59	0.486	13.96	0.8144

2017—2019 年英语（二）试卷总体难度比较

年份	平均分	难度	标准差	a 信度
2017	57.37	0.574	18.13	0.8856
2018	55.43	0.554	16.97	0.8741
2019	52.66	0.527	17.04	0.8714

考研英语学习任务经过提炼量化之后，包括 5 500 个大纲单词、630 个超纲单词、320 余个固定搭配、26 个语法单元、22 种复合语法结构、76 种基本句型、96 种长难句型、35 项完形填空重难点规则、19 种传统阅读解析技巧、12 种新型阅读组合选配原理、220 个阅读背景模块、16 种英翻汉技巧和 18 种作文模型。除了对上述任务进行理解与记忆之外，还必须配合上千道题的训练。

全部英语学习任务总计有 2 800 多个分项。四六级的考点掌握到六成熟练程度即可得分，而考研往往要掌握到八成熟练以上才能得分。所以必须在 400 个小时学习过程中不折不扣地完成这 2 800 多个分项任务，才能确保英语高概率考到 57 分以上。

11.3.2.2 考研英语备考方案

英语全年分为预热、基础、强化和冲刺四个学习阶段。

第一个阶段：从大三秋季到寒假之前为预热阶段。这个阶段完成英语词汇和语法的学习，并逐渐进行长难句训练，每天投入 2 个小时左右。把高概率成为考点的 1600 多个核心词群达到中等级掌握。

第二个阶段：从大三寒假到 6 月份为基础阶段。这个阶段主要是进行长难句型和基础阅读学习，每天投入 2～4 个小时，至少完成 240 组训练。必须纯熟掌握所有考研词汇的完整释义，中等掌握所有考研重点语法与基本长难句型，并且将完形填空与低难度阅读理解练到 70% 以上平均得分率。

第三个阶段：7—10 月为强化阶段。这个阶段平均每天需要投入 2～3 个小时，须对考研各题型的解题知识与方法达到深度掌握，同时要完成 500 组以上解题训练。这一阶段，必须保证持续高强度学习，将整体学习与解题效率提升到远高于平常水准，应达到真题平均得分 50 分以上水平。

第四个阶段：11 月份到考前为冲刺阶段。这一阶段主要有如下任务：

（1）通过前期的基础复习和解题训练，不断地进行自我检测，锁定全部未纯熟掌握的考点词汇、长难句型和阅读模型，然后进行高度聚焦的加强训练。

（2）快速学习中文版阅读理解背景知识。阅读理解的背景往往来自 9 个学科领域，如果能快速补充对应基础知识，会进一步提升阅读理解的解题速度与正确率。

（3）完成历年真题训练与 20 套增加难度的特殊模考训练，确保稳定达到 75 分水平。

（4）通过背诵和 20 组写作练习，掌握大小作文创作类型与范文。

11.3.3　数学备考精细规划

根据工学、经济学、管理学等各学科对硕士研究生入学所应具备的数学知识和能力的不同要求，硕士研究生入学统考数学试卷分为 3 种，其中针对工学门类学术硕士和专业硕士分别为数学（一）、数学（二），针对经济学和管理学门类的为数学（三）。

考研数学总分 150 分，题型主要有单选题、填空题和解答题。考研数学涵盖全面、难度中等偏上，需要花费大量时间学习而且不能间断，且保持持续性的复习状态。如何高效复习并掌握考研数学重难知识点并达到应试水平，同学们可参考以下几个阶段进行准备。

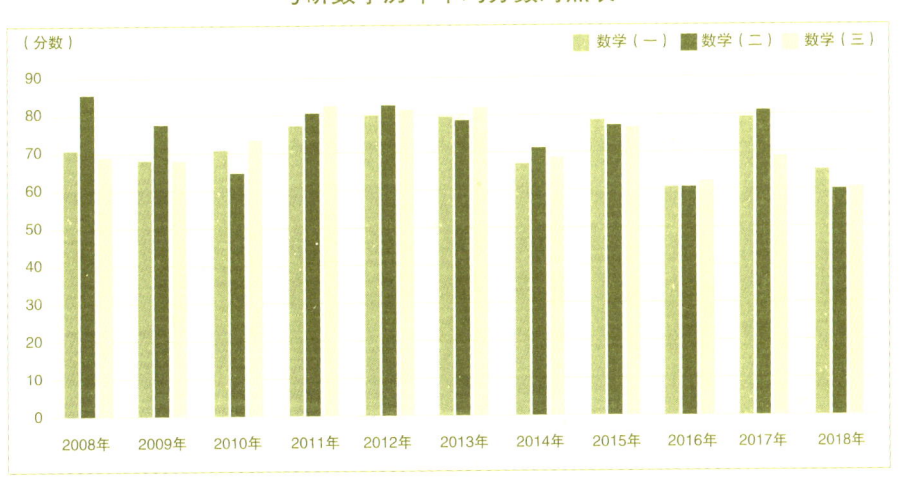

考研数学历年平均分数对照表

第一阶段：培育考研数学的元素能力。

这一阶段的学习目标就是吃透所有元素题型，有效培育考研数学的元素能力。在这一阶段，只需完成两项任务：

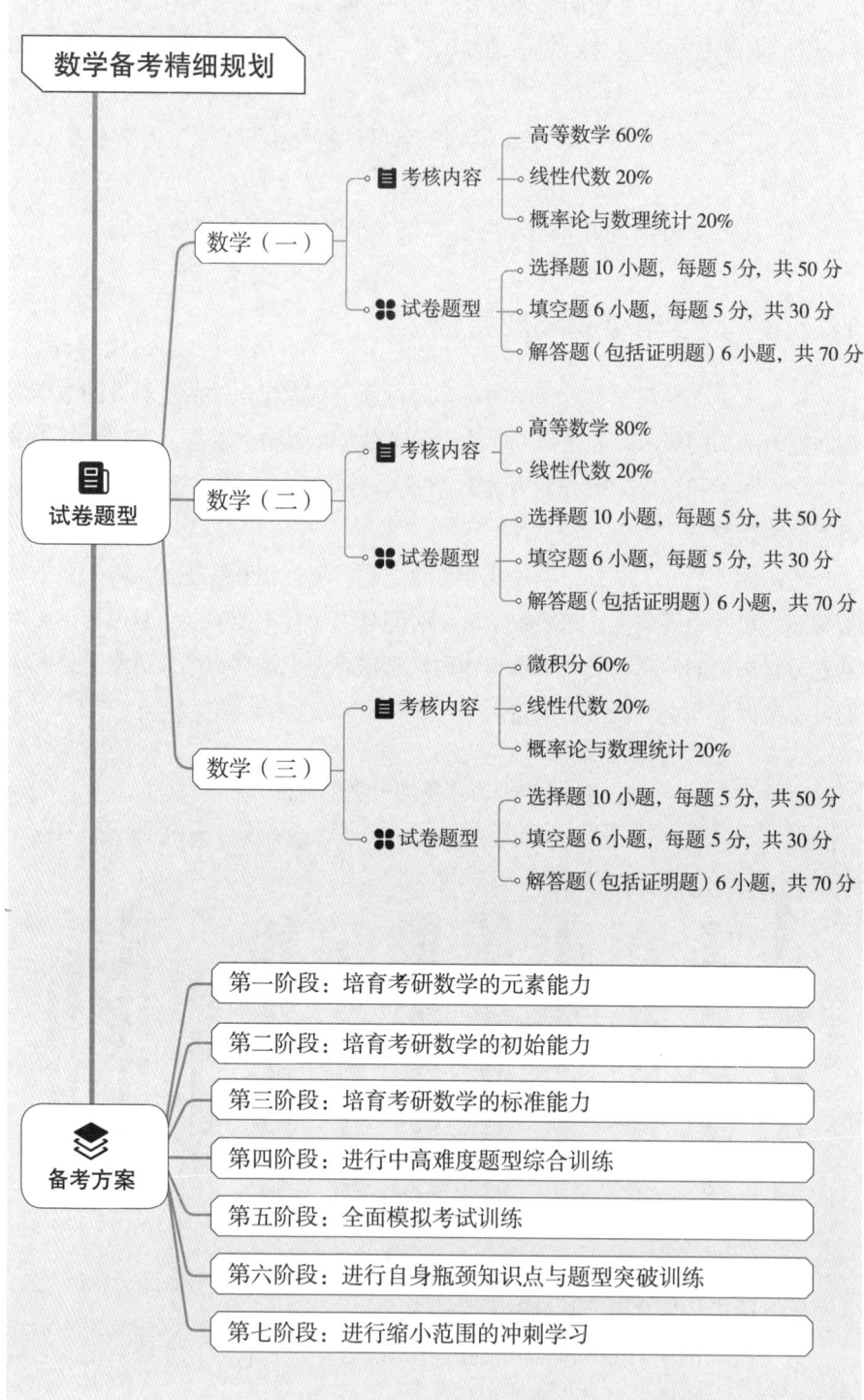

（1）将基本教材对应考研大纲的全部知识点进行 2~3 轮初始理解和记忆。

（2）将基本教材中覆盖所有元素题型的 500 多道题认真做完练熟。

第二阶段：培育考研数学的初始能力。

当元素能力形成之后，就具备了数学的基础能力，但是对于考研，元素能力的强度远远不够，方向也和考研不尽相同。所以，要将数学元素能力全面转化到考研要求方向，并提高强度，形成考研数学的初始能力。在这一阶段需要完成两项任务：

（1）针对考研大纲中的掌握级重要知识点，进行 2 轮加强理解与记忆。

（2）完成 500~600 道典型中低难度习题的 2 轮训练。

第三阶段：培育考研数学的标准能力。

依靠初始能力，可以解决 40% 左右的中低难度考研题，但为了能全面应对各种难度考研题，必须形成考研数学的标准能力。这一阶段十分重要，是考研数学第一次飞跃的关键步骤，需要完成三项任务：

（1）针对前期学习过程中记录锁定的知识难点进行 1 轮补充理解与记忆。

（2）完成 700 道左右的中高难度习题的 2 轮训练。

（3）参加数学强化课程学习，对考研命题的深层原理、核心题型、高频考点进行深刻理解和强化训练。

第四阶段：进行中高难度题型综合训练。

这一阶段需完成两项任务，目的是确保中高难度题目的解题正确率达到 60% 以上。

（1）针对数学强化课程的学习内容进行 2~3 轮补充理解与训练。

（2）完成 700~800 道典型中高难度题目的 2 轮集中训练和分析总结。

第五阶段：全面模拟考试训练。

这一阶段需完成 15 年真题和 20 套优质模拟题连续训练和分析总结。

第六阶段：进行自身瓶颈知识点与题型突破训练。

此阶段需完成两项任务：

（1）根据日常检测、过程检测、阶段检测和学习过程记录，筛选锁定自身至今未能有效掌握的知识点和多次出错的题型。

（2）针对这些瓶颈知识点和题型，应用更好的学习资源进行突破性训练。

第七阶段：进行缩小范围的冲刺学习。

这一阶段需完成两项任务，其目的是针对当年高概率的可能考点进行深度学习。

（1）进行数学冲刺学习，精准锁定当年高概率的可能考点，预测并反复练习当年可能出现的全新题型。

（2）划定小范围重要内容，进行不低于 5 轮的深度理解与加强训练。

11.3.4　专业课备考精细规划

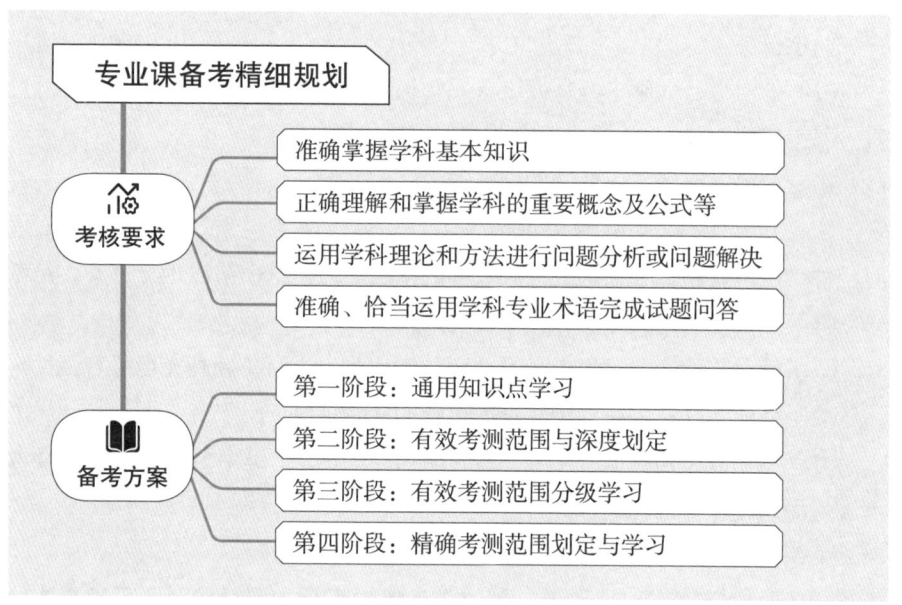

专业基础课程考试是高等院校和科研机构招生研究生入学考试而设置的具有明显学科特点和选拔性的科目。因此需要考生准确掌握学科基本知识，正确理解和掌握学科的重要概念及公式等，运用学科理论和方法进行问题分析或问题解决，准确、恰当运用学科专业术语完成试题问答，条理清晰、语言凝练、表达流畅。依据所报考专业不同，专业课试卷分为 150 分和 300 分两种，整体复习策略要完美执行"多轮聚焦"学习方案。

第一阶段：通用知识点学习。

无论报考哪所院校，无论这所院校的参考书目与考试大纲涵盖什么内容，只要同属于一个专业，一定有 20% 左右的知识点是重叠的。重叠的知识点，可称为通用知识点，是各所院校一致要求掌握的内容。通用知识点不仅是专业基础知识，更是专业的核心知识，本专业的其他的知识内容都将由这 20% 的内容进行延伸与扩展，这部分内容在未定学校之前就应该开始学习。本阶段建议投入 80 小时的学习时间，进行 2 轮预热理解与 1 轮初始记忆。第一轮学习的要求是快速理解+例题+中速理解+记忆，从而能达到掌握专业基本概念、基本公式并能完成较为简单的选择题、填空题、名词解释题以及综合能力要求不强的计算题。

第二阶段：有效考测范围与深度划定。

本阶段的主要任务是根据有效参考书、历年真题及解析、研究生相关课程教材与笔记、硕士生培养计划、关键参考学术期刊、核心导师学术专著等整合学习资料总集，确定目标硕士点有效的考测范围与深度。具体分为以下三个步骤：

（1）考生需要根据上述资料并结合专业特点提炼和梳理专业课必考范围。抛开参考书固有框架并按照专业的通用知识框架进行知识点判断，形成最高水平备考知识点合集群。

（2）考生需要根据已确定的备考知识点合集群对各知识单元进行考测深度划定，确定不同知识单元的考核星级，可按照1~4星级划分，对应投入不同的学习时间与学习强度。例如，知识单元1考核为1星级，这个知识点对应的完成要求就是基本理解的程度。知识单元2是4星级，这个知识点对应的完成要求就是理解+记忆+习题的程度。

（3）针对以上高价值备考资料进行第2轮学习，学习要求是快速理解+例题；随后启动第3轮学习，学习要求为中速理解+记忆+例题+习题。

第三阶段：有效考测范围分级学习。

第4轮学习针对不同星级投入不同学习要求和任务。1星级知识单元要求基本理解；2星级知识单元要求理解；3星级知识单元要求理解+记忆+基本解题训练；4星级知识单元要求理解+记忆+高级解题训练。

基于学习过程中相对难点的连续统计，启动第5轮学习。本轮学习的重点是3星级相对难点，完成答疑+理解+记忆+基本解题训练；4星级相对难点，完成答疑+理解+记忆+高级解题训练。

本阶段建议考生投入280小时学习时间，理解记忆并能灵活套用公式或者运用知识解决实际问题，并能够达到真题100分以上的水平。

第四阶段：精确考测范围划定与学习。

本阶段的主要任务是精确范围划定，把当年要考的最重点内容确定下来，并排除本届绝对不考的内容，判断哪些是今年新增的必考点。这样就可以启动第6轮学习：精确考测范围学习。考生根据导师建议补充学习资料，完成补充理解+补充记忆+高级解题训练。

第7轮学习,即全面冲刺学习。本阶段建议考生投入40小时学习时间,更为精准地进行薄弱点与重难点的学习,并能够达到真题130分以上的水平。

当按照要求完成"多轮聚焦"专业课复习方案时,相信每位考生都将推开挡在考研路上的最后一道门,成为"漫天星海"中最耀眼的"一颗星"。

11.4 考研院校与专业选报决策

院校专业选择是一个蕴含科学方法论并带有一定艺术色彩的决策。它不仅需要考生综合考虑备考过程中的各项学习任务的时间分配,而且需要考生对自身能力及外部动因有最基本的判断。要实现这一目标,考生就必须要遵循科学合理的步骤。

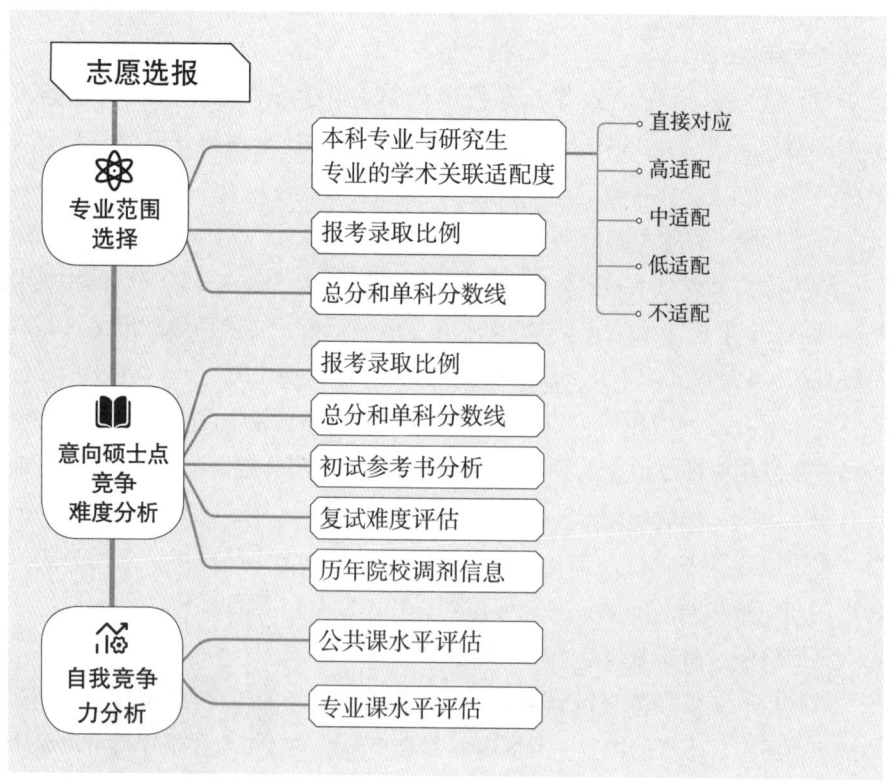

11.4.1 专业范围选择

进行专业选择，优先要考虑的是解决专业范围认知的问题，即考生是否对自身本科专业及我国研究生专业的范围有基本的判断。为了避免判断的盲目性与偏差，考生需要从三个阶段的适配度来考量并正确选择自己要报考的专业。

第一种适配度：本科专业与研究生专业学术关联适配度。此种适配度有五个等级：

（1）<u>直接对应专业</u>：基于本科生专业可以直接报考的研究生专业。

（2）<u>高适配专业</u>：学科思维存在大量相似性，或者学科部分内容重叠。

（3）<u>中适配专业</u>：学科知识没有重叠，但是基于本科能力和水平，可以较为轻松地进行系统化学习。

（4）<u>低适配专业</u>：学科跨度较大，需要投入大量精力，较难进行系统化学习。

（5）<u>不适配专业</u>：学科知识没有重叠，且基于本科能力和水平也无法进行系统化学习。

第二种适配度：对研究生专业真实兴趣适配度。

此种适配度需要通过对第一种适配度的评估来形成对专业内涵（如培养方案、主修课程、就业倾向、方法论、文理工倾向性等）的初步认知，然后从有交集内涵的专业中选出本能喜欢的部分专业。本能喜欢的专业可以理解为能够让考生在备考期间达到最高学习效率，并且对读研及未来职业生涯有明显辅助与指导作用的一种专业集合（学科体系-知识相互交叉且互为帮衬）。

第三种适配度：对研究生专业天然擅长适配度。

此种适配度需要考生在本能喜欢的专业中，选出天然擅长的专业，即对某专业领域的知识理解速度与深度比假想竞争对手要强，比自己学习其他专业的知识要强。

通过三个阶段的适配度评估从而可以确定更少量的专业学科交集。

11.4.2 意向硕士点竞争难度分析

本部分工作要求考生要在更少量的专业学科交集中，通过各种途径梳理意向硕士点的研招信息，并对竞争难度进行初步判断，从而进一步缩小专业报考范围。

要实现这一目标，则需要通过以下五个指标对意向硕士点进行筛选：

（1）报考录取比例：硕士点的报名录取比例越高，则难度越低。

考生应尽量选择报名录取比例连续或超过 2 年达到可以接受的水平（如 30%）的硕士点。注意：全国第一志愿录取比例仅 18% 左右，而对于全国 34 所自划线院校，除了考研竞争群体之外，还有一类是保研推免群体，因此对外招生名额少，综合竞争难度会进一步提升。

（2）总分和单科分数线：硕士点的总分和单科线越低，则难度越低。

考生应尽量选择总分和单科分数线连续或超过 2 年保持在可以接受的水平的硕士点。请注意：每一年全国考生达到及超过国家二区分数线要求的比例仅 32% 左右。分析此类分数线时，建议结合分数的"含金量"考虑，认真评析分数是否存在虚高或者压分情况。

（3）初试参考书分析：

① 不指定参考书

此类硕士点非常注重学生平时的个人学术修养，专业课考试难度较高，一定要多查资料或者找到师兄或者师姐，给出往年考生常用的复习参考资料。

② 指定参考书

部分院校会给出具体的专业参考书目，但同一专业不同院校所列的专业参考书的数量多寡不同，参考书的难度差异较大，考生应该根据专业课基础及对参考书的掌握熟悉程度对硕士点进行合理选择。

（4）复试难度评估：复试难度应主要考虑复试差额录取比例、复试内容等。

复试差额录取比例越大，难度越大。复试内容一般包含复试专业课、口语与听力、面试等内容，具体内容又有差别。考生需要确定复试各模块的具体内容，以及所占分值比例，了解初试和复试分数比重分布，依此权衡考试难度。

（5）历年院校调剂信息：若硕士点连续或超过 2 年招收调剂人数名额比较多，第一志愿报考本硕士点录取机会更大。

通过以上五组数据，对意向硕士点的竞争难度进行分析，从而为最终确定目标硕士点提供依据。

11.4.3　自我竞争力分析

最终考生要通过对自身公共课和专业课基础的掌握能力与预期掌握程度，结合自身竞争力水平合理评价，进而有依据地调整院校专业选择期望值。

（1）公共课基础的评估维度

① 是否选择考数学的专业。

② 学习计划任务完成情况。
③ 每阶段测试成绩的达标情况。
④ 每阶段测试成绩在考生中的排名情况。
⑤ 已读研师兄师姐当年本阶段学习状况。
(2)专业课基础的评估维度
① 是否跨专业考研。
② 就读学校的专业排名。
③ 在学校是否学习过考研的专业课考试科目。
④ 学校是否进行专业课理论内涵以外的讲解,如数理运算、案例分析、政策解读、实验操作等。
⑤ 意向院校指定初试参考书是否学习过。

通过以上角度完成自身竞争力评估,并结合实时动态的学习效果数据,从而最终确定考研目标硕士点。

11.5　考研目标硕士点资源开发

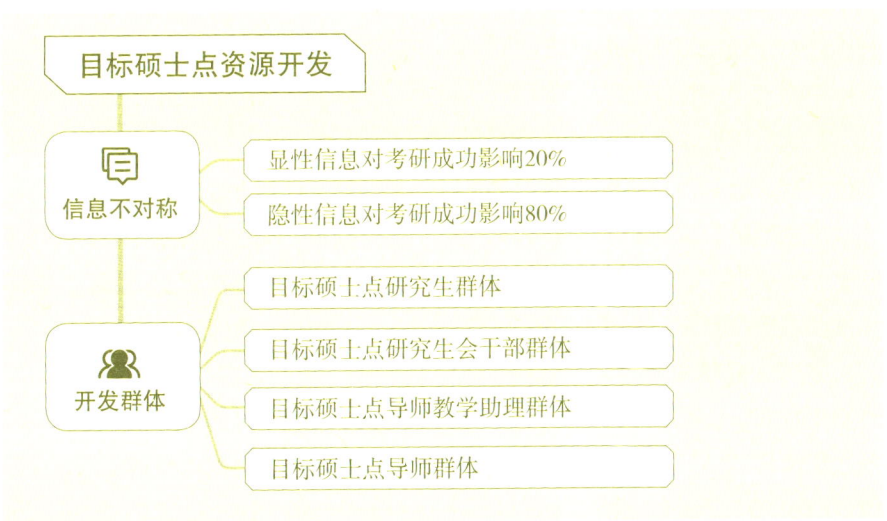

相比高考考录过程中数据、信息和资源的公开性和透明性,研究生入学考试的考录过程中各种信息很不透明。教育部以及研招单位公开和可查询的信息

对考研成功的影响不到20%。比如初试科目、考试时间、考试大纲、分数线等，这些众所周知的信息形成不了任何竞争优势。而真正对考研成败影响高达80%以上的研招单位的内部信息资源，常规渠道难以查询，这些不易获取的信息资源才至关重要。例如，硕士点历届报名与录取人数、初试专业课历年真题、命题导师讲义、命题趋势与规律、有效考试范围、有效参考书、专业课判卷规则、复试专业课笔试、综合面试、往年复试真题等。

对于考生而言，可通过以下四类高价值群体获得核心专业课信息与资源，即目标硕士点研究生群体、目标硕士点研究生会干部群体、目标硕士点导师教学助理群体、目标硕士点导师群体。

考生首先需要确定的是目标硕士点研究生群体，通过该群体可以获得三类高价值内容：①研招单位内部核心信息，比如硕士点招生导师招生情况、保研录取情况、是否接受普通院校考生等。这些信息属于"隐性信息层次"，通常无法通过常规渠道获取。②有效备考资源及使用策略，比如硕士点参考教材版本、内部学科讲义、考前重难点笔记等内容，为后续考生复习确定初试范围。③当届关键环节重要内容判断，比如当届硕士点名额调整、培养方案变更、新增导师招生情况判断等内容。

其次，需要联系目标硕士点研究生会干部群体，该类群体通常资源丰富，对学校的招生情况和录取情况非常熟悉，甚至参与过研究生复试的相关行政管理工作，比如是复试材料审核成员，或者是复试成绩统筹计算组成员等，熟悉导师筛选考生的标准。

再次，需要沟通确定目标硕士点导师教学助理群体，该类群体经常参与导师的科研课题和项目实践内容，对导师的学术动态和科研需求有极其深刻的认知，也是导师科研项目的得力助手。通过此类群体可以获得导师学术潜在要求信息，即时对自己学术拓展进行方向性把控，比如阅读导师关心的学术文章，拓展和导师项目相关的学科背景知识，使自己更能符合导师的学术要求。

最后，需要沟通确定目标硕士点导师群体。导师群体的学术能力直接关系到筛选学生的标准，同时也关系到考核的难度和深度。考生需要深度解读导师学术内容，一是通过院校官网介绍，获得导师的基本信息。二是通过中国知网找到导师已发表的学术论文，进行认真研读。整理分析导师所关心的学科理论、学科方法、研究对象、学术观点等内容，对导师学术能力进行整体综合评估。三是通过此项准备工作，提前沟通导师。

通过以上步骤，考生会系统掌握研招单位显性以及隐性的招考标准，从而通过多维度准备，实现自己的硕士生梦想。

11.6 考研优势学术资历获取

考取研究生是综合实力的竞争，是从学科素养、科研能力到人格魅力等的综合考察。导师筛选学生的一个重要标准是衡量学生的综合学术能力和素质。因此考生需要创造自己独有的优势学术资历，主要通过四条途径：学术论文发表、科研课题参与证明、社会实践能力认证、教学辅助能力经历。

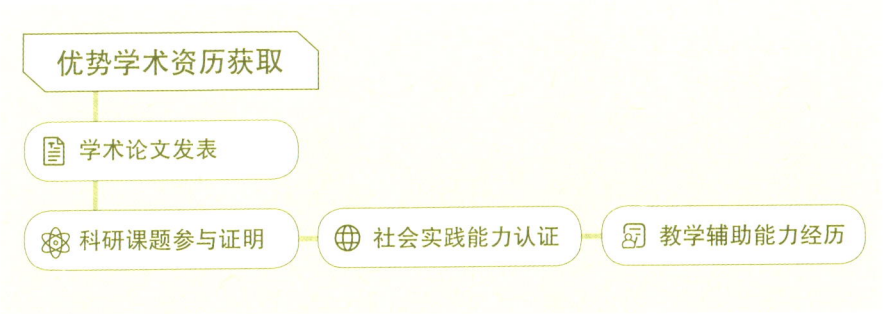

第一类是发表学术论文。学术论文是对某个科学领域中的学术问题进行研究后表述科学研究成果的理论文章，是衡量一个人学术水平和科研能力的重要标志。本科生发表论文的概率只有万分之三。论文发表有国家级和省级两类刊物，通常前者发布难度较高，含金量也非常高。省级期刊包含一些本专科学校举办的学校校报等，在此类刊物发表论文也具有重要价值。

第二类是科研课题参与证明。科研课题本质上是以问题为导向的知识性创作和应用活动。科研课题包含国家各级政府成立的基金支持的重要课题，还有来自企业的横向研发课题、学院自筹课题，等等。从高校角度来说，可以分为校内课题和校外课题两类。作为一个优秀的本科生，可以主动申请参与校内课题的关联工作，通过高价值项目获得相关参与证明或奖励，可直接体现出考生的学术水平和能力。

第三类是社会实践能力认证。主要包含非竞赛类和竞赛类两种。非竞赛类包括校内的社团任职、企事业实践项目、志愿活动等。竞赛类包括"互联网+"创业大赛、挑战杯、全国数学建模竞赛、大学生电子设计大赛，以及学科特点明显的化学实验大赛、广告艺术大赛、物流设计大赛,等等。竞赛的报名选题、项目执行、答辩考核等各个环节,可以体现出考生的学科知识能力、团队协作精神、动手实践、人际交往分析能力、解决问题能力、应用写作能力、语言表达能力等。

第四类是教学辅助经历。教学辅助经历是指学生协助老师完成相关教学任务的经历,这类同学可以称作教学助理。教学助理首先要求学习成绩优秀,在学有余力的同时可以进行资源协调和管理,比如在教师的教学过程中完成文献资料整理、数据调研加工、实验准备和协助管理听课人员等工作,这也对学生起到了良好的综合能力锻炼。

以上学术资历优化,本质上是满足研究生录取工作当中的隐性考察指标。这些指标招生简章招生没有明确指明,但是符合这些指标的考生一定具有超强竞争力,而且在与导师沟通的时候,必然会获得导师的极大青睐。

11.7 考研复试解析

全国硕士研究生招生考试分初试和复试两个阶段进行。初试由国家统一组织,复试由招生单位自行组织。复试用于考查考生的创新能力、专业素养和综合素质等,复试不合格者不予录取。复试采取差额形式,差额比例一般不低于120%。考生的综合录取结果由初试和复试成绩综合排序决定。

研究生复试考核项目主要分为英语能力测试、专业课笔试、导师组面试、心理测试、政审以及体检相关模块。对于会计硕士、图书情报硕士、工商管理硕士、公共管理硕士、旅游管理硕士、工程管理硕士和审计硕士的思想政治理论考试由招生单位在复试中进行,成绩计入复试总成绩。

研究生复试核心考查目标是学科知识能力、核心通用能力和组织职务能力。通过这三种能力和外语能力测试进行多维度优化组合,形成对考生综合能力以及科研潜力的判断。科研潜力是指从事科研的持续能力,是对未来的科研水平和成果的预期。研究生都会承担导师分配的科研任务。科研任务都是突破某种科学前沿的课题项目,既复杂又有高难度,所以必须运用优秀的综合能力去完成。

(1) 学科知识能力:是指对哲学、法学、经济学、管理学、理学、工学等

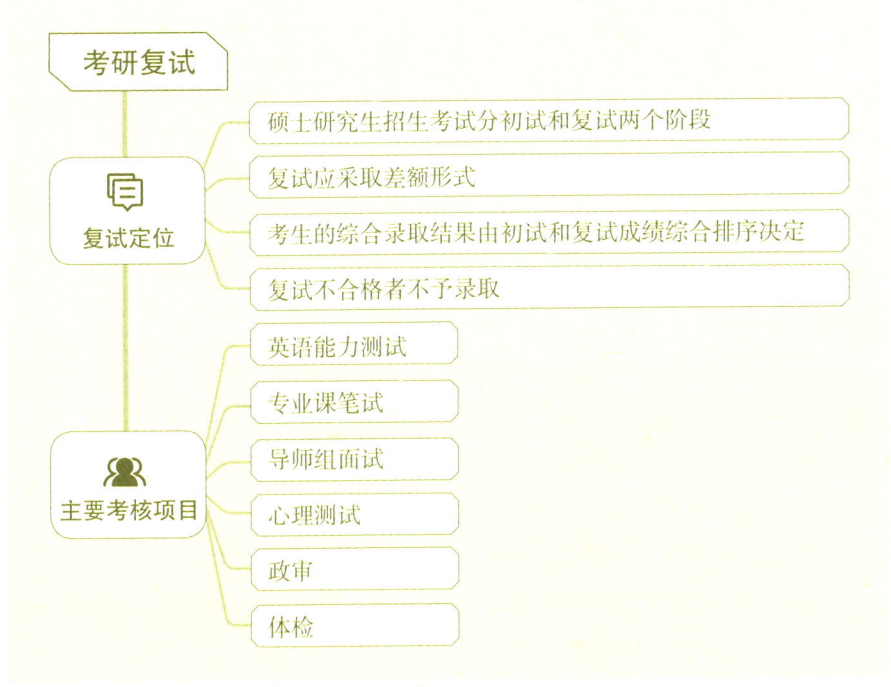

13 大学科门类科学知识的运用能力。此部分针对专业课知识与科研潜质,考查方式是专业课笔试及面试专业课知识问答。

(2)核心通用能力:是指人们完成一切复杂任务所必需的通用能力,包括心理能量、思维能力、语言表达能力、人格魅力、执行能力和领导能力等6种贯穿于所有复杂任务的通用能力。人的任何具体能力,其实都是核心通用能力与某种具体知识的融合。此部分针对综合能力,考查方式是面试综合问答。

(3)组织职务能力:是指一个人直接为社会组织创造价值的能力。社会组织有三类:科研单位、企业和政府机构。组织职务能力又根据这三类社会组织细分为科研职务能力、企业职务能力和行政职务能力。此部分针对综合能力与科研潜质,考查方式是面试综合问答。

(4)外语能力:是指实际语言运用能力、文化意识和跨文化交际能力,包含听力能力和口语运用能力。外语能力的考核本质上是对学科知识能力、核心通用能力、组织职务能力的另一种语言考核形式。此部分考查方式是笔试与面试。

全国研招机构的复试,原则上都是运用面试或笔试对上述能力进行考核。由于竞争激烈程度不同,全国硕士点复试复杂程度也大不相同。

最复杂的复试，例如中科院的某些高端研究所，研究课题处于国际前沿，资源丰富，奖助学金优厚，报考竞争超常火爆。复试包括英语笔试与面试、专业课笔试、综合面试等四大模块。复试持续三天时间，净时长高达6小时。复试得分在最终录取权重占比中高达60%，也就是初试分数乘以40%，加上复试分数乘以60%，等于考生的综合成绩，综合成绩排在前50%的录取，其余的淘汰。采用这种最强复试的硕士点，大约占3%。还有部分硕士点在复试中并未设置英语和专业课专项考核，相关考核内容统一通过导师综合面试完成，这种硕士点大约占6%。

其他91%的硕士点的复试模型都在以上两类之间。因此考生在备考中应该按照最高优势模型进行备考，通过复试意识模型、复试综合能力测试、复试阐述与答辩技巧特训、复试科研潜质深度、复试形象与关键行为优化等多维度备考，方能超越千军万马，直达胜利彼岸！

从微观层次而言，考研是一场没有硝烟的战争，是一场一个人的战斗。从宏观层次而言，考研是提升我国高学历人才综合优势的重要环节，竭尽全力奋进一搏，尺素传情，抒写报国之志，这将是人生永难磨灭的灿烂记忆。

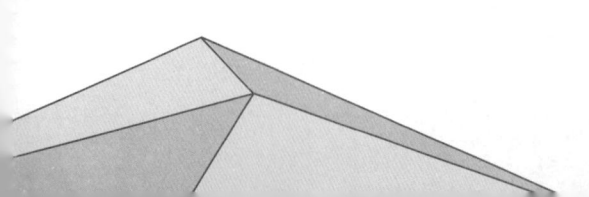

第 12 章 公职单位求职专项准备

从政走仕途是很多有"家国情怀"和理想抱负的大学生的人生梦想。也有的大学生并不知道公务员这一工作是否适合自己。梦想照进现实需要多重努力，理性客观的选择规划才能为人生职业起好步。当前，公务员考试竞争越发白热化，上岸难度越来越大。许多人找不到正确的备考方向，不知从何下手。本章将通过系统概述，向你呈现一次完整的公务员招录流程，并结合应届毕业生考公务员的特点讲解备考规划。因此，本章将从四个维度进行讲解：公职类考试的种类及基本考情；应届毕业生备考公职类考试的优势；什么样的应届毕业生适合公职类的路径发展；应届毕业生应该如何备考复习公职类考试。

12.1 公职类考试的种类及基本考情

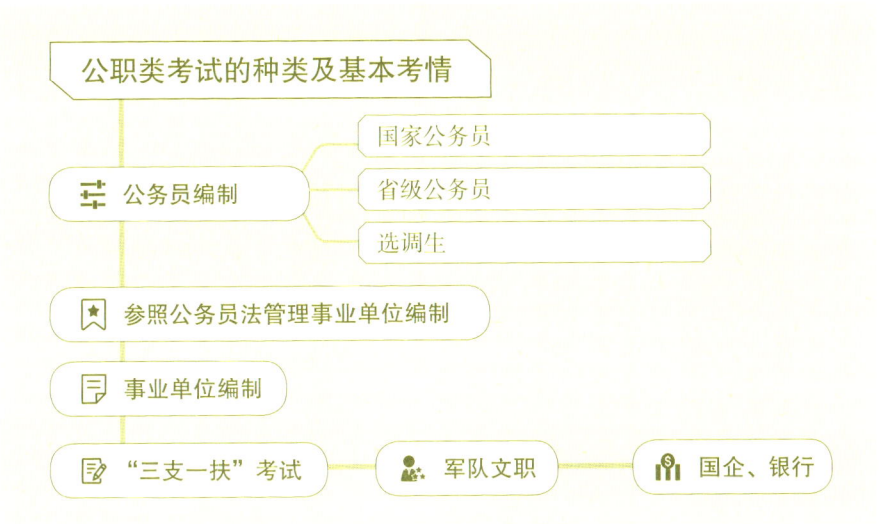

要谈公职，就避不开一个话题，那就是国家编制。想要参加公职考试的人都想考取正式编制，成为一名国家公职人员。那么国家编制究竟有哪些呢？哪些是可以通过考试获得的呢？

12.1.1 公务员编制

公务员编制也就是行政编制，可以说是所有编制中"含金量"最高的一种了。为什么呢？一是难考，二是量少。公务员编制还分为普通行政编制、警察、选调生，等等。要考取公务员编制就要参加公务员考试，公务员考试分为国家公务员考试、省级公务员考试及选调生考试等。国考和省考是最主要的两个考试，大部分人都是通过这个途径进入公务员队伍的。

12.1.2 参照《中华人民共和国公务员法》管理事业单位编制

所谓参照《中华人民共和国公务员法》管理事业单位是指参照管理的事业单位。其性质为事业单位，但工资、晋升、人员调配及管理等同公务员编制。

要进入参照管理事业单位的途径与上述公务员一样，都需要参加公务员考试，包括国家公务员和省级公务员考试。

根据最新的国家机构改革要求，参照《中华人民共和国公务员法》管理的事业单位要面临改革，根据职能和单位性质重新定位划转，有的直接划为机关单位，有的变为事业单位，有的直接取消。所以，这部分职位，大家在报考时一定要注意。

12.1.3 事业单位编制

事业单位编制中的分类比较多，常见的有机关所（下）属事业单位、教育类事业单位、卫生类事业单位、科研院所单位及其他事业单位等。

要获取事业单位的编制有很多途径，最主要的就是考试，包括各级各部门的事业单位考试、教师招聘考试、"三支一扶"考试等。

12.1.4 "三支一扶"考试

"三支一扶"指大学生在毕业后到农村基层从事支农、支教、支医和扶贫工作，现在也包括部分社区服务和公益性岗位。参加"三支一扶"考试，考取以后并不具有国家编制。但是，考上"三支一扶"计划，基本上慢慢都会有编制。正常情况下，两年服务期满后就可以通过定向考录、加分等形式参加公务员和事业单位考试，这样竞争就相对比较小。还有较便捷的是，只要在服务期内考核优秀，服务期满就可以直接转为当地事业编制了。那么"三支一扶"考试难考吗？因为"三支一扶"考试要求只能是应届生和在择业期内的毕业生报考，所以报考人数相对较少，竞争也就比较小，也就比较好考。

12.1.5 军队文职考试

文职人员属于军队人员的组成部分，享受军队人员同等的社会待遇，履行非现役文职人员的义务，参与国家、军队执行的非战争军事行动。例如抗疫救灾、抗洪抢险的支援保障等。同时，文职人员也享受军队人员的社会待遇，例如军人优先通道等。文职人员考试岗位条件一般分为三条，分别为人员属性（应届、社会人才）、工作年限（无要求、xx 年以上）、职称、证书（无要求、获得过中级、注册 xx 证书）。由此可见，文职人员招聘范围很广，应届毕业生、非应届毕业生（社会人才）、专科生（一般为护理岗位）、本科生、硕士、博士等，只要符合岗位条件就可以报名。军队文职人员考试公共课分为公共基础知识和行政职业能力测验（简称行测）两个部分。

（1）公共基础知识部分：与国家性考试的公共基础知识部分差异不大，复习的时候可以参照国考的公共基础知识，另外一些省考（山东、江苏、河南）的公共基础知识也很贴近文职的大纲。军队文职考试的特殊性在于补充考察军队和国防知识。有国考基础的考生在复习的时候可以多关注军队基础知识，举个例子：什么是"四有"军人，什么是"四铁"军人，什么是国防和军队建设现代化，等等。

（2）行测部分：军队文职行测的难度系数比较低。对有公务员考试复习经验的同学来说是轻车熟路。

（3）专业课：众所周知，军队文职区别于公务员考试的一点就在于，其对专业知识有一定的要求。不同的专业对应不同的专业课，专业课的设置大体上可以参考你所在专业的考研课程。与考研不同的是，军队文职的专业课相对简单，题目均为选择题。不同的专业考的专业课内容不一样，理工类的专业大多考的是数学（二）+大学物理，计算机类的专业大多就是数学（一），其他理工类的大体上就是数学（三）+化学。

12.1.6 国企、银行

　　国企是国有企业的简称，央企是中央管理企业的简称。按照我国政府的国有资产管理权限划分，国企分为央企和地方企业，央企一定是国企，但是国企不一定是央企。央企与国企上属单位不一样，央企是国务院国有资产监督管理委员会直接管理，部分央企负责人由中国共产党中央委员会组织部任命；一般国企隶属于当地政府管辖。

　　我们有很多学生把考公职的选择简单地理解为考国家公务员和省级公务员。其实，一些大型央企和国有银行的待遇和发展不亚于公务员，并且比公务员考试难度系数低，考试机会也多。

　　例如：中国烟草总公司。2018年中国烟草总公司全年实现利税总额11 556.2亿元。还有作为世界五百强企业的国家电网，资产和实力均不容小觑，业务范围广，而且每年都会有招聘，还可以分配到离家近的地方上班。还有像三大运营商：移动、联通、电信。三大运营商每年的招聘人数是十分可观的，招聘要求基本一致，满足一家运营商的可以投递多个简历。招聘要求一般为本科及以上学历，重点招聘通信、网络、计算机、互联网、信息技术等专业毕业生。

　　以中国移动为例，上市公司，全国十亿以上用户，保险、公积金、年终奖齐全。再就是像中国邮政集团公司，共有三大业务，分别是邮政业务（函件、报刊、集邮、电商分销、代理金融）、寄递业务（包裹快递、速递物流）、金融业务（邮储银行、中邮保险、中邮资本、中邮证券）。中国邮政（非邮储）各省子公司联合招聘。本科起点应届生，录取范围广，计算机技术、物流管理、交通运输、机械电子、土木工程、工商管理、金融经济、新闻传媒、艺术设计、文史外语文学等专业皆可报名。

　　此外还有国有商业银行。国有商业银行中的五大银行有中国银行、中国建设银行、中国工商银行、中国交通银行、中国农业银行，薪资待遇不低于其他外企，各项福利齐全，比较稳定。银行招聘时间最为靠前，招聘流程一般为网申、笔试、面试，考试内容以行测为主，一般招聘金融经济、财务会计等对口专业类型。

　　总之，国企、银行招聘分为校园招聘和社会招聘，国企、银行校园招聘的招聘条件宽松，招聘人数多、岗位多、需求专业广，考试形式公平透明，所以每年国企、银行校园招聘都会有大批考生报考。国企、银行校园招聘的普遍的招收条件之一就是应届毕业生。考生需要是应届毕业生身份才能报考（少数银行除外）。

各大国企、银行校园招聘笔试内容一般包括：行政职业能力测试（包括数量关系、言语理解与表达、判断推理、资料分析等）、英语、专业知识（包括经济、金融、财会、计算机、公共基础知识、行情行史等）、性格测试（部分银行有这项考试内容）。如果是应届毕业生报考，在学校接触到的相关专业知识可以更好地运用到银行校园招聘的笔试备考中。

12.2 应届毕业生备考公职类考试的优势

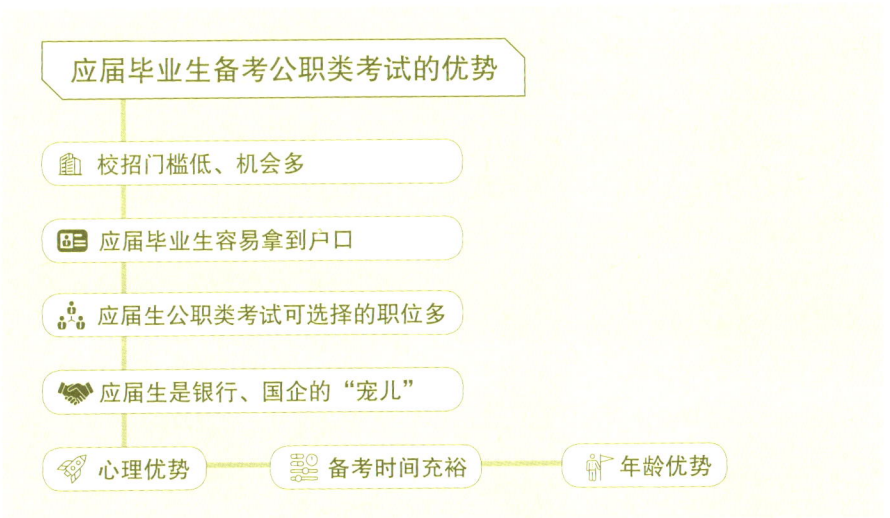

应届生，主要用来指代大学毕业生，且不仅仅指大四或研三的学生。一般情况下，由国家统一招生的普通高校毕业生离校时和在择业期内（国家规定择业期为2年，部分地区延长为3年）未落实其工作单位，档案及党团关系保留在原毕业学校或毕业生就业指导服务中心、各级人才交流服务机构和各级公共就业服务机构的毕业生，可按应届高校毕业生对待。通俗来说，从你拿毕业证起，到你下一届学生拿毕业证之前的这段时间都称应届毕业生。应届毕业生分为以下两种：①即将毕业但还没拿到毕业证，处于实习或待业状态的；②已经拿到毕业证，但拿到毕业证的时间在择业期内。一般在校招及公务员考试中会限定求职者必须为应届生。校招是在学校投递简历，企业比较集中，不用在外边奔波，对其他方面没有影响；但想要参加公务员考试的同学一定要记住，在你考上或放弃考公务员之前，不要签订劳动合同，将自己的档案留在学校或者放在人才市场，保留你的应届生身份！以应届生身份求职具有很多优势：

（1）校招门槛低，机会多：每年各行各业的秋季校园招聘，绝大多数都是只面向于"应届毕业生"，没有在职经验的约束，这让应届生入职的门槛降低了许多。

（2）应届生容易拿到户口编制：只有应届生才能从传统的国企、央企等拿到户口编制；有的非体制内公司也偏爱应届生，这是通过较低成本储备人才的最佳方式。

（3）应届生公职类考试可选择的职位多：现在公职类考试基本上都是面向应届毕业生，例如公务员、大学生村干部、选调生等公职类岗位。很多国考和省考的岗位也是面向应届生的，要求只有应届毕业生才可以报考，所以失去应届生身份可能连参加考试的资格都没有。特别是今年受新冠肺炎疫情影响，国家直接出台政策，将今明两年事业单位空缺岗位主要用于专项招聘高校毕业生，更加凸显了应届生的优势。国家鼓励大学毕业生到基层就业，也是从侧面来解决应届大学生的就业问题，所以每年都会有很多的关于应届生的优惠政策出台，于是在国考中就呈现了这样的一种趋势：有一些岗位只能是应届生报名。以近几年的国考数据为例，2019 年国考中有 3 025 个职位仅限应届毕业生报考，占总职位数的 31.3%；2018 年有 6 948 个职位仅限应届毕业生报考，占总职位数的 43.3%；2017 年有 6 748 个职位仅限应届毕业生报考，占总职位数的 43%。

年份	总职位数	仅限应届生职位数	占比 /%
2017	15 589	6 748	43
2018	16 144	6 948	43.3
2019	9 657	3 025	31.3

（4）应届生是银行、国企的"宠儿"：银行、国企校园招聘中，最首要的要求就是应届生，无须经验门槛，可直接报名。很多私企对于应届生的门槛也会放低很多。每年的银行校招绝大部分岗位都是只对应届生开放，不像公考、

考研只对年龄有要求。虽然各大银行都有社会招聘，但是社会招聘的前提条件基本都要求有两年以上银行业工作经验，进入银行的机会难上加难。每年银行涌入的新员工，大部分都是通过银行秋招进入的应届生，这就需要大家一定要珍惜自己的应届生身份，去大胆地尝试银行考试。

（5）心理优势：对于应届生来说，无相关工作经验，没有社会履历。但正因如此，才能在未来的工作中发挥自己的工作热情，毫无保留地去发展拼搏。同时也因为思想上、生活上并无太大负担，可以全心全意地投入到工作中，让自己能力发挥到最大限度。应届生工作起步，也是一个积累与学习的过程，更愿意去学习新的事物。

（6）备考时间充裕：相对于在职人员来说，应届毕业生的备考时间是非常充裕的。国考竞争十分激烈，如果寄希望于临时抱佛脚肯定行不通。应届毕业生在大四课程减少，有充足的课余时间去系统复习公务员考试。对于应届毕业生来说，学习能力和学习状态都要比在职人员好很多。因为在学生时代，"考试"二字可以说是家常便饭，应届毕业生始终保持着学习状态，完全有能力在自身应考经验的基础上拿下国考。

（7）年龄优势：对于正在读大四的同学来说，年龄一般都是在20～22岁，与社会考生相比，年龄方面有很大的优势。如果国考能够顺利上岸，不论是在后期的工作调动还是领导干部提拔过程中都很有利，因此国家一直在提倡干部年轻化。

12.3 适合公职类的路径发展的应届毕业生

现在很多大学生都把公务员、事业单位作为就业的首选。但是，公务员（事业单位）考试的热度越来越高，报考人数越来越多，竞争也越来越大，导致大学生在公务员（事业单位）考试中很容易成为"打酱油""炮灰"。那么什么类型的大学生更倾向于考公务员（事业单位）呢？从各地公务员（事业单位）招考的条件要求来看，有五种大学生考公务员、进事业单位更加容易。

（1）热门专业的学生：公务员（事业单位）考试，一般都会对考生的专业有要求。在这种情况下，如果你就读的专业比较热门，在公务员（事业单位）考试中就更有优势，选择的职位就更多，也更容易挑选到比较符合自己特点

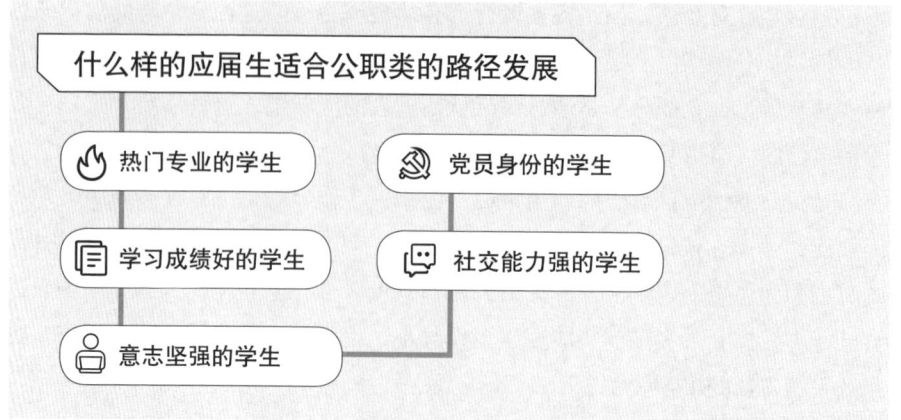

和优势的职位。公务员（事业单位）考试中的热门专业是：经济学、法学（法律）、汉语言文学、统计学、审计学、财政金融、计算机。虽然这些专业比较好，但也不能掉以轻心，要珍惜专业优势，考试能多考 1 分，甚至多考 0.1 分都要积极争取，总之就是往深里学，往最高分考。

（2）学习成绩好的学生：现在不管是公务员还是事业单位逢进必考，这里的考体现在你的笔杆子功夫，笔杆子厉害，就能通过笔试。在任何考试中，学习好的考生都占据优势，公务员（事业单位）考试更是如此。对于学习不好的大学生，参加任何求职考试或就业招聘考试，想要通关（要笔试的）都会非常艰难。相比之下，那些学习成绩优秀的大学生，他们在学习上积累的经验和优势，都能够迁移到相应的考试中，帮助他们取得好成绩。因此，这些学习成绩好，学习能力强的学生，考公务员（事业单位）很占优势。另外，公务员（国考）很多岗位要求大学英语四级（六级）、计算机等级二级以上。如果四六级没过，那么能够报考的岗位就更少一些。当然学习成绩好是一个相对的概念，不是绝对的。有些学生很聪明，但是平时学习不用功，只要认真努力，也能够顺利通过考试。

（3）党员身份的学生：以 2019 年中央国家机关公务员考试招考简章为例，针对中央党群机关和中央行政机关本级招考职位的检索发现，至少超过 50%的职位都要求报名者必须具备共产党员身份。从这个角度，如果你不是党员，想要报考中央党群机关，竞争压力就会特别大，被录用的可能性就会明显降低。毕竟一半以上的职位你都无法报考，当然就没有优势。所以致力于考公务员的同学，应积极加入党组织。

（4）社交能力强的学生：在前述学习能力培训中，有一部分学生在大学里面参加了很多社团，组织了很多活动，这对公务员面试以及以后的职业发展有一定的帮助。一方面，基于大学期间经历了各种活动，在面试的时候就不会太过怯场。另外，在事业单位和公务员面试题目中有一类是自我认知题。大学期间丰富的社会活动，能让你面试答题内容充实，有话可讲。另一方面，那些社交能力特别强的大学生，进入机关单位（事业单位）之后，更容易被领导和同事看重。在机关单位（事业单位），社交能力意味着协调能力，能协调、能干事的人容易让领导满意，让同事放心。因此，如果在这方面优点突出，那么就比较适合在机关单位工作，前途更为广阔。这里需注意的是：公务员（事业单位）考试笔试、面试非常公平公正，不会因为你是学生干部而优先录用你，尤其是在面试环节，考官不知道你的身份，更没有你的简历等个人信息，都是以你的笔试、面试成绩说话。

（5）意志坚强的学生：由于公职类考试机会多，只要符合报考条件，一年内一个考生可以参加多次考试，而且35岁前都可以参考。因此，只有考生能够把考试这件事当作一个系统工程来做，不只是简单地去考1~2次就作为难不难考的依据，能够坚持长期进行复习，那么考生的通过率一般都是有保障的。

12.4 应届毕业生如何备考公职类考试

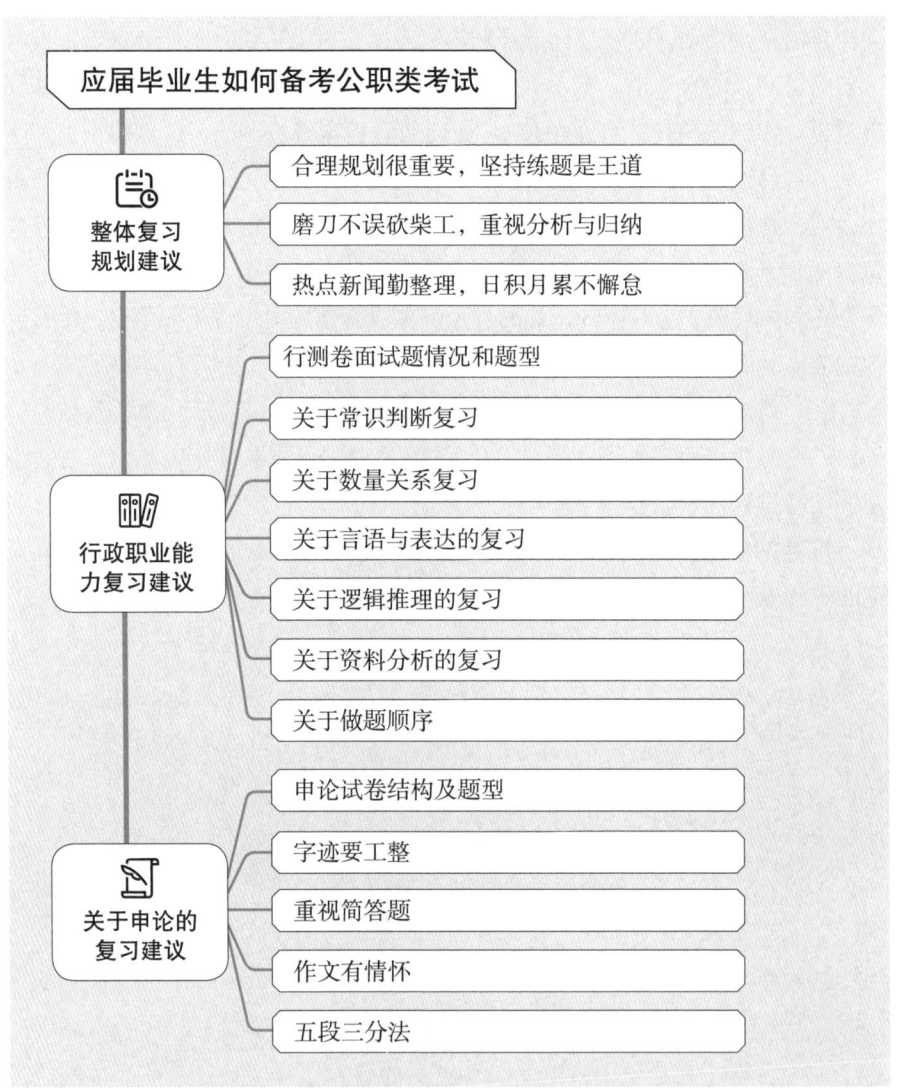

公务员考试题型及内容：国家公务员考试和一般的各省、自治区、直辖市公务员考试分为两个流程，一个是笔试，一个是面试。笔试主要考两门统考科目，即行政职业能力测试和申论。我们现在以笔试主要的考试科目行测和申论给同学们讲解复习方法。

12.4.1 整体复习规划建议

1. 合理规划很重要，坚持练题是王道

严格规定自己每隔一天做一套行测和申论真题（由于国考真题数量有限，太过珍贵，也可以做做其他省考的真题练手）。模拟考试时，尽量按照正式考试的时间表进行，中途切勿翻看答案，待试卷完成后查看。对答案时，做对的题目一眼略过，不懂的难题则需沉下心来追根究底，并用红笔在试卷上一一标记。待整张试卷改完后，重新扫一遍错题，在脑海里回顾答题思路以加深印象。模块化练习时，可以依自己心情好坏来定模块，精力充沛时选难，疲惫烦躁时选易。为了效率最大化，教科书上关于此模块长篇大论的理论知识可以选择性重点阅读，理论知识后的选题，则更需花时间练习和理解。

2. 磨刀不误砍柴工，重视分析与归纳

这点在行测和申论的文字理解题中尤为体现。就申论来说，很多考生在初看问题时不知如何下笔，不知怎样在原材料中寻找所需答案，或是找到答案却不知如何归纳总结。所以在平常练习时就应注意培养自己分析和归纳的能力。在对答案时，分析标准答案是从哪个角度切入问题的，又是怎么把几个分散的部分整合成一个论点的，用红笔将这些要点写在自己答案旁边加以对比，修改完后再重新梳理一遍思路。申论的大小作文，建议大家多写多练，毕竟好记性不如烂笔头。但是如果时间仓促，也是要有技巧的。你可以在写下文章的主旨结构、论点论据后，然后再看看范文是怎么写的，分析范文的主旨结构、论点论据，记下它的好词好句，再通读几遍，将精华尽收于囊中。

3. 热点新闻勤整理，日积月累不懈怠

若是苦于心中"干货"太少，写起来的文章会干巴巴的没有实质内容，建议大家闲暇之余，每天花一个小时看看《新闻联播》《人民日报》《半月谈》等，看看网上推出来的申论热点。看完热点新闻，专家学者们关于热点的观点和评论更有价值。拿上一个笔记本，记一记让你惊鸿一瞥的话语，日积月累的效果绝对惊人！

12.4.2 关于行政职业能力的复习建议

行测卷面为120～140道题（国考、省考的题量略有区别，国考近几年是135道题，省考一般是120道题），考试时间是120分钟，试卷满分100分。

整个试卷分为五大部分，分值和题量每年会有些细微变化。以国考为例，各类题型的题量和分值如下表：

国考分值标准参数

	模块	题型	题量	单分值	合计
第一部分	言语理解与表达	选词填空	20	0.6	12
		片段阅读	20	0.8	16
第二部分	数量关系	数学运算	15	1	15
第三部分	判断推理	图形推理	10	0.7	7
		定义判断	10	0.7	7
		类比推理	10	0.5	5
		演绎推理	10	1	10
第四部分	资料分析	资料分析	20	1	20
第五部分	常识判断	常识判断	20	0.4	8
		合计	135		100

从上表的内容可以看出：

① 分值最高的（难度较大的）：数学运算、演绎推理、资料分析，每题 1 分；

② 分值最低的：常识判断，每题 0.4 分；

③ 题量最大的：言语理解与表达，40 道题；

④ 难度较低的：类比推理、定义判断。

1. 常识判断

专项训练中常识判断题的复习不建议花太多时间，一是因为题量少、分值低；二是涉及面实在太广，很难有针对性地复习。常识之所以谓之常识，是因为它与我们日常生活息息相关，通过平常的积累，考试时也许不能确定答案，但是可以明确排除其中一两个答案，如果碰到实在是毫无头绪的题目，就迅速选择一个顺眼的答案，总之不可在这一题型上占用太多时间。

2. 数量关系

其实数学对于很多学生来说都属于相对弱项，所以复习的时候在数量关系上花的时间相对要多一些。数量关系的特点是题量不多，但分值比较重。数学较弱不要怕，如果是 15 道题，那么至少有一半以上是比较容易的。练习时多总结常见的一些类型，温习常用公式，解决一半左右的题目问题不大。而剩下

10道较难的题目，充分利用"代入法""排除法"常常能够带给你意想不到的惊喜。

3. 言语理解与表达

言语理解很大程度上靠语感和日常对词语的积累。"排除法"同样很好用，尤其是对于那些选词填空题型，如果你能够明确排除其中某一个词语，那么就能迅速缩小答案范围。很重要的一点，如果不是特别肯定，这一类题目不要轻易更改答案。因为二十多年来形成的语感往往能让你第一眼选择的就是正确的答案，越是多看多想，越会模糊语感的力量，适得其反。还要注意的是当题目中问到"属于"或者"不属于"、"符合"或者"不符合"、"包括"或者"不包括"这类问题的时候，一定要看清楚有没有那个"不"字，因为有些考生急于答题或平时比较粗心，就会漏看题目导致回答错误，这一点同样适用于逻辑推理中的逻辑判断。

4. 逻辑推理

逻辑推理包括三种题型：一是图形推理。其实参考书上都有很多归纳总结，例如"看见单字就要想到笔画""看见有角就要想到钝角锐角个数"等，这些归纳肯定是有用的，它们至少代表了过去几年里常见的一些考题切入点，所以可以进行了解，同时通过练习培养自己的敏感度。当然，每年都会有新的题型出现，这就需要我们平时注意总结规律，触类旁通，根据实际情况在考场上随机应变。二是定义判断。在读定义的时候一定要把关键词一个个圈出来，再和选项一个一个对比，确保选项符合所有关键词，这种题型相对死板一些，属于有框架的题型，找准关键可以很快解答。三是逻辑判断。我们应该充分利用"倒推法"和"代入法"，对于列出一堆一堆条件的题目可以列表对应，这样会简洁明了很多。

5. 资料分析

行测要拿高分，你一定要好好对待资料分析题。因为它的位置总是排在试卷最后，而我们在考场上常常因为紧张或其他原因在前面耗费太多时间导致最后没有时间做这一部分题。资料分析题看起来复杂，但通过练习之后，你会发现，这是最容易得分的一个题型。所以无论如何你一定要留出时间做这个题型。平时可以练习如何简化运算，因为这一题型往往有数字大到几十万至上百万的除法，最简单的方法就是把不重要的位数全部换成"0"，或者取近似值。在答题时同样要看清提问，有没有"不"，问的是"全国"还是"本省"，"增长了多少"还是"翻了多少倍"，是选择"正确的选项"还是"错误的选项"。

6. 做题顺序

文科较好但数学较弱的同学，可以先按照考卷顺序来答题。常识判断题和言语理解题目争取一遍过，数量关系题一分钟之内可以解出的就解，否则立刻跳过，最后有时间再回头看，资料分析一定留够时间保质保量地完成。总之，要在练习真题的过程中寻找适合自己的方法，记得无论是否完成所有题目的作答，答题卡都一定要涂满，这样你会有 1/4 的概率选中正确答案。

12.4.3 关于申论的复习建议

如果说行测是考查逻辑，那么申论就是考查情怀了。

申论考试满分是 100 分，可能同学们都认为是写作文，但其实不是。正是因为大家都是这么想，所以才有很多同学考不好申论。每年有很多人两科总分连 100 分都考不到，主要就是因为申论分数太低。

1. 申论试卷结构

整个申论一般分为四种题型。

第一道题是材料概括题，要求概括几段材料的主要内容，字数 200～300 字，满分 20 分。

第二道题一般考原因分析题，要求 300 字左右，满分 20 分。这道题不太好答，因为很多同学经常看不出答题要旨，这道题要求你有很高的理解、分析和概述能力。

第三道题通常是解决方案对策题，要求对一个问题给出一个具体的解决方案，满分 20 分。

第四道题是作文，要求写 800～1200 字的作文，满分 40 分。

2. 申论答题技巧

很多考生觉得不会写申论，往往是因为不知如何表达。同学们可以充分利用手机，关注公务员考试经验微信公众号里的热点范文经验文章以及阅读《人民日报》手机端 App 中的"评"模块的文章，其供稿均来自各大媒体的资深评论员，无论是见地还是文笔，都对我们写申论大有裨益。坐地铁、坐班车、等朋友、睡觉前都可以拿出来刷一刷，有效利用碎片时间。以下介绍申论答题的几个小技巧：

（1）字迹要工整：可以不漂亮，但是必须工整。

（2）重视简答题：每一道题目都必须认真对待，严格按照规定字数作答,避免"车轱辘"式表述。复习的时候重点训练自己的概括能力和信息检索能力。

(3)写作有情怀:一名公职人员除了要有理性的思维之外,更要有社会责任感和人文关怀精神,比如将"我的中国梦"巧妙融入文章中。

(4)五段三分法:虽然不鼓励大家背诵模板,但是有些小技巧还是可以掌握的。比如,开篇用排比句立论,第二段分析论点,第三、第四段结合材料多角度分析,最后一段升华结尾。

第 13 章　创业专项准备

在完成上述各项高价值任务的学习与训练之后，部分同学在综合自身理想、能力、资源与职业前景之后，会选择踏上创业之路。

创业既是一种自然与社会相融合的复杂的高级运动，也是创造企业的高级运动。我们需要追本溯源，深入物理本质和人性原点，才能科学透彻地解析、掌握和运用创业规律。

首先为大家初步阐释创业的本质原理、核心价值和主体过程。

13.1　创业的本质原理、核心价值和主体过程

企业是创造财富的核心组织，财富是创造快乐的重要元素，而快乐与幸福则是人类本质和永恒追求。

人类对快乐和幸福的本质追求与不懈创造，就是创业的动力源，而创业则是驱动个人幸福到社会进化的高级运动。

创业是最有价值、最精彩的人类活动之一，既充满风险与艰辛，也充满机会与快乐。创业之路貌似复杂莫测，究其实质是由 16 个阶段精妙连接而成的复杂任务过程。在科学规划与训练之下，创业团队能够有序正确地完成 16 个关键步骤，创业成功率就会实现飞跃式提升。这 16 个步骤，就构成了通达创业成功的完备价值链。

如果同学们已经完成了本书前述的 10 类高价值任务，就等同于完成了创业第二至七阶段。所以，立志创业的同学们只需再接再厉，完成其余的十个阶段（第一、第八至十六阶段）即可。

以下简要论述创业历程十个阶段的关键原理与步骤，帮助同学们预览与理解其最优路径。

第13章 创业专项准备

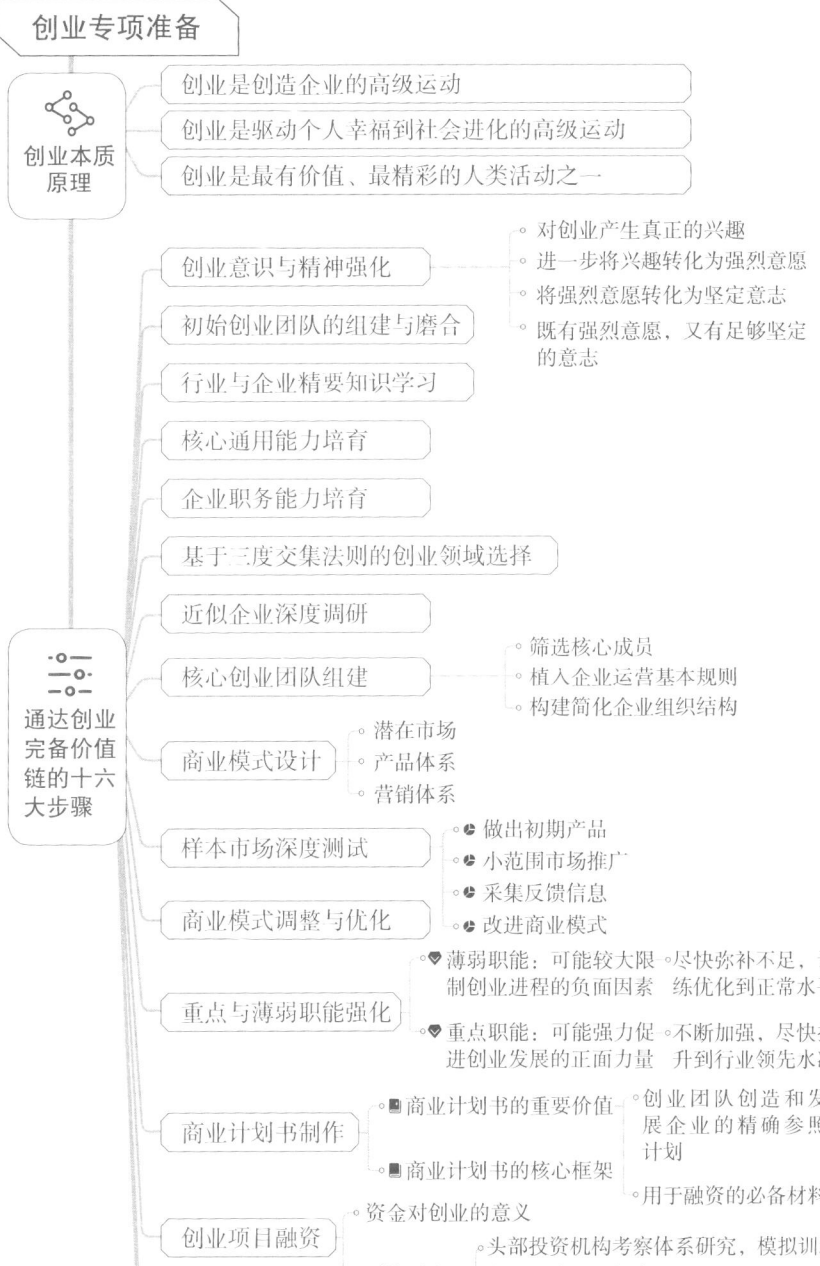

13.2 创业意识与精神强化

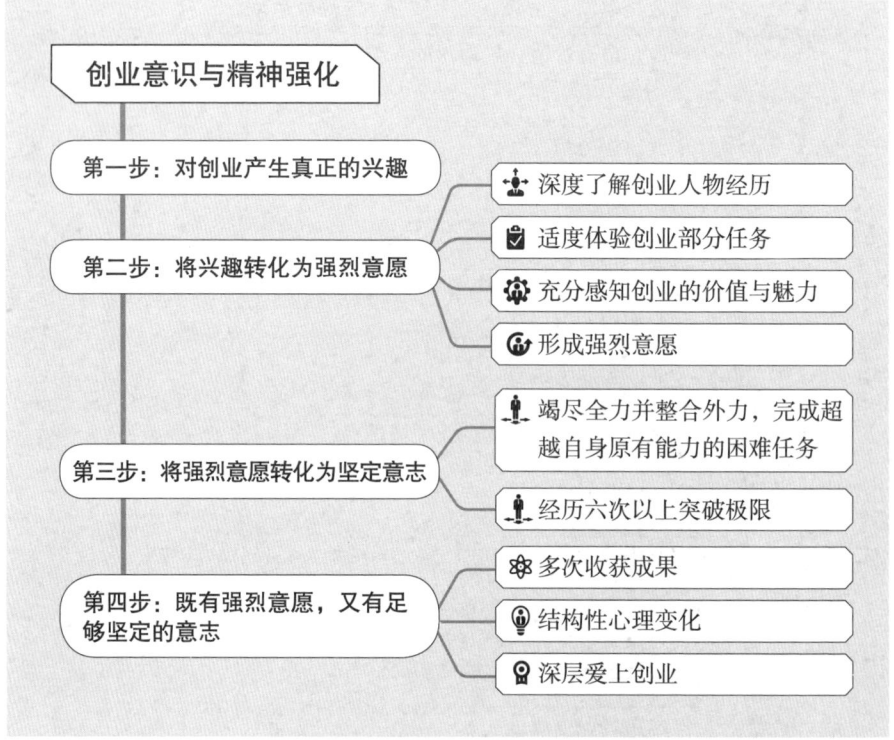

创业是一条可能风光无限，但也注定荆棘密布的征途。在最初阶段，面对风雨莫测的未知前途，创业意识与精神是启动和持久推动创业的关键要素。

创业初始阶段是创业意识强化，也就是将偶然萌生的创业激情转化为坚定不移的创业决心。这一转化将为创业奋斗添加贯穿全程的持久动能！

每个大学生创业者，应该通过四个步骤实现创业意识的强化。

第一步：创业者必须对创业产生真正的兴趣。无论是附庸风雅、随波逐流，还是带着观望与游戏的态度启动创业，都注定要失败，无所收获。虚幻浅层的兴趣很难激发足够强大的创业初心与原动力。所以，我们需要激发真正的创业兴趣。

第二步：进一步将兴趣转化为强烈意愿。因为仅仅是兴趣，既容易减弱和消散，又不容易付之行动。同学们应该深度了解创业人物经历，适度体验创业部分任务，充分感知创业的价值与魅力，进而形成强烈意愿，突破三分钟热情，真正焕发出更持久与更可能促动创业的心理能量。

第三步：将强烈意愿转化为坚定意志。强烈意愿可以让创业者坚持更久，克服一般的困难。但当面对濒临自身极限，甚至超越极限的挑战时，强烈意愿容易被磨灭，无法支撑前进和突破。所以，必须将强烈意愿升级为更强心理能量——坚定意志，才能抵抗高难度任务所带来的巨大压力与痛苦，才能跨越貌似不可逾越的障碍。其实，创业者遭遇的很多所谓绝境，往往都是凭借坚定意志，在最痛苦的临界点再坚持前行几步，就会峰回路转、攻克难关、踏入一马平川的新里程。

坚定意志的形成，主要来自突破极限的经历。一个人在竭尽全力并整合外力的情况下完成一次超越自身原有能力的困难任务，就是一次突破极限。每次突破极限都会较大幅度提升意志力。如果一个人经历过六次以上极限突破，其意志力将会升级到非常坚定与强大。

第四步：当创业者既有强烈意愿，又有足够坚定的意志，那么他在创业征途之上，突破种种困境的可能性将提升10倍以上。由于不断突破平凡状态，创业者会在多次收获成果的真实成就感的持续刺激下，发生结构性的心理变化，也就是在性格深层爱上创业，这种对创业炽热而坚定的爱，将照亮创业长路，产生源源不断的激情与动力，即创业精神。

当一个创业者在创业初期，能通过特定模式与步骤实现从初始兴趣、强烈意愿，到坚定意志和创业精神的四步转化与升华。那么，他们在创业路上，纵使遭遇千难万险，也会百折不挠、勇往直前，就像释放了心灵深处的"小宇宙"。

至此，由于在前期各项高价值任务的执行中已经兼顾完成了创业第一至七阶段的准备任务，所以接下来的创业准备只需要继续完成第八至第十六阶段任务。

13.3 组建核心创业团队

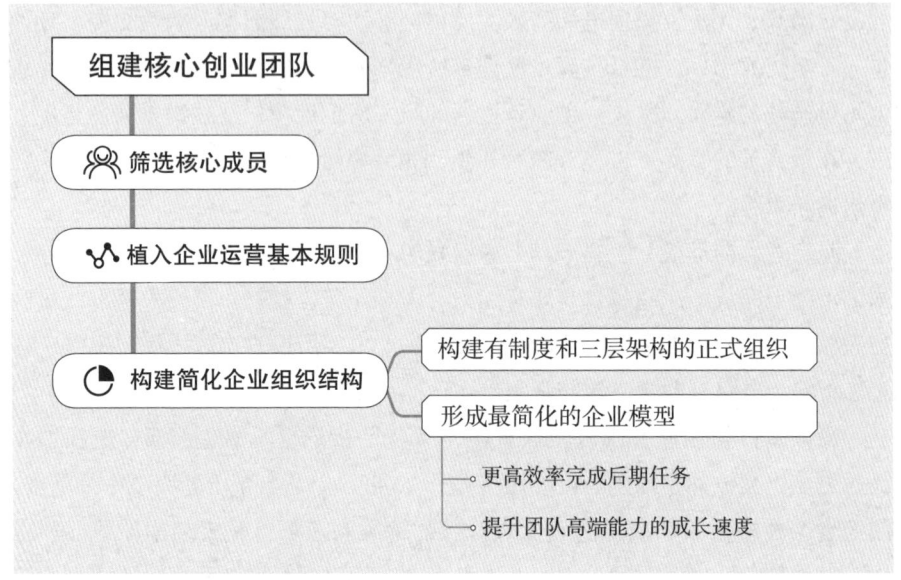

最初的高级协同团队成员，在各项训练任务过程中，因为种种原因，一定会有人放弃创业，离开团队，但也有新力量不断加入团队。对于一路携手并肩，共同进退，坚持到现在的团队成员，才是大浪淘沙，真正富有创业精神与坚定意志的人。

在共同经历了高端能力特训、创业领域选择、近似企业调研等重要阶段的锤炼与磨合之后，团队已经是志同道合、能力契合的稳定团队了。所以，到了这一时间点，鉴于成熟的创业能力和团队协作基础，适时需要把原有的高级协同团队升级为核心创业团队，从而进入正式创业阶段。

这一阶段的关键点是要从高级协同团队中筛选出最核心的成员，植入企业运营的最基本规则，构建简化的企业组织结构。因为之前的高级协同团队虽有明确目标和具体任务，但还是比较松散的非正式组织。现在要组建的核心创业团队，则是一个有制度和三层架构的正式组织。这个核心创业团队运作的规则和架构，其实就是最简化的企业模型。团队成员在模拟企业的组织结构中，不仅能更高效率完成后期任务，而且还能提升团队高端能力的成长速度。

当核心创业团队组建并设定模拟企业的运作规则之后，就将进入创业准备第九阶段：商业模式设计。

13.4　商业模式设计

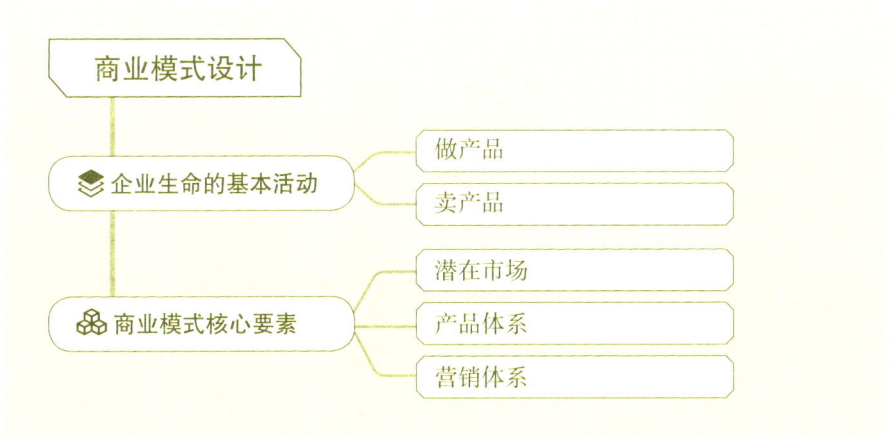

商业模式是大家司空见惯的概念，但其内涵很多人并不真正了解。在本质上，商业模式就是一个企业生命的基因。

企业生命的存在与发展，依赖于两个最基本的活动，即做产品和卖产品。所以，只有做出足够好的产品，并掌握卖掉产品的方法，才能实现企业最基本的生命循环。设计商业模式是创造企业极其重要的基本生命循环。

商业模式是让企业可以启动和运营的三个核心要素——潜在市场、产品体系和营销体系所构成的企业基本模型。这三大要素就是企业生命的基本构件，它们所构成的商业模式就是企业的基因和种子，企业未来的完整职能系统都将从这三个要素发育形成。

商业模式设计之后，企业的潜在市场范围、初期产品和营销方式就已经初步确定。很多企业在初步确定商业模式之后，就火力全开，全面开拓市场，结果资源快速消耗，业务发展却坎坷不断，举步维艰，最终濒临绝境。这种拿着初步商业模式大干快上的做法是一大严重错误。而且，这种情况普遍存在于在大学生初期创业团队。由于这种原因导致的高失败率，也造成了社会上以为大学生创业"不靠谱"的片面认知。

这种错误，导致创业失败率直线暴涨。很多初创企业都栽倒在这一环节。究其原因，是急功近利的创业者们，跳过了一个命运攸关的步骤，即创业进程的第十阶段"样本市场深度测试"。

13.5　样本市场深度测试

所谓样本市场深度测试，是指投放最低限度的资源，做出初期产品，锁定几个不同难度的、范围很小的潜在市场进行推广，提供服务，并严格监控市场反馈的任务项目。

样本市场深度测试，一般分为3~4轮。几轮测试是针对初版商业模式的每一个要素和构件，从简单标准到高难度的递进测试。深度测试所采集的反馈信息，对改进和完善商业模式具有重大意义。

当4轮样本市场深度测试完成之后，创业团队应该根据反馈信息，对第一版商业模式进行调整与优化。这就是创业进程的第十一阶段：商业模式的调整与优化。

13.6　商业模式的调整与优化

简言之，第一版商业模式是创业团队理论研究和逻辑推导的成果；而经过深度市场测试，再进一步调整与优化的商业模式，则是从理论到实践的飞跃。调整优化之后的第二版商业模式，其实施成功概率将大幅度提升。

样本市场的深度测试反馈，不仅可以支持商业模式的调整优化，而且对创业团队的各项职务能力也是非常有效的检验。团队自身能力将得到全面和充分的真实评估。

13.7　重点与薄弱职能强化

通过样本测试，既可以锁定导致团队短板的薄弱职能，还可以判断最能构筑核心优势的重点职能。

薄弱职能是可能较大限制创业进程的负面因素，重点职能则是可能强力促进创业发展的正面力量。所以，创业团队必须通过特定方式，调配资源，针对薄弱职能与重点职能，进行集中训练强化。

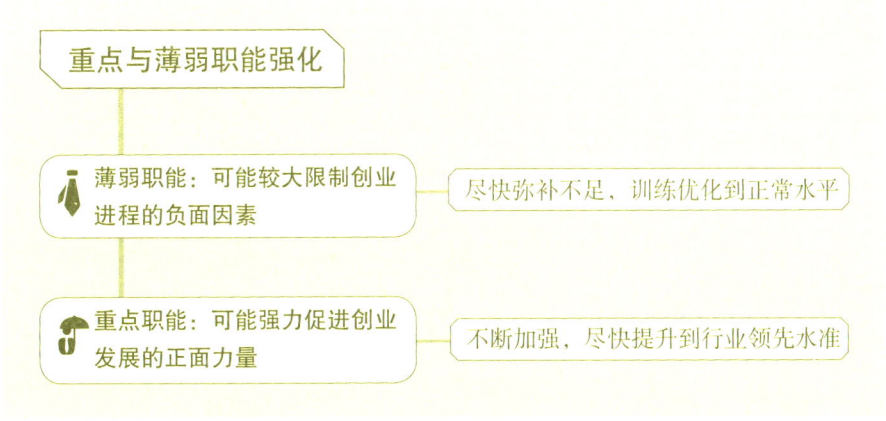

对于薄弱职能,要尽快弥补不足,训练优化到正常水平。对于重点职能,要不断加强,尽快提升到行业领先水准。只有重点职能达到行业领先水准,才能形成驱动创业项目突飞猛进的核心优势。

对重点与薄弱职能的强化,就是创业进程的第十二阶段。当完成重点与薄弱职能强化后,将进入创业进程的第十三阶段:商业计划书的制作。

13.8 商业计划书的制作

商业计划书是指把商业模式转化为商业成果的详细创业计划。包括从战略目标制定到六大职能系统发展的完整推进步骤和资源配置方案。

商业计划书主要有两方面的重要价值:

第一,是创业团队创造和发展企业的精确参照计划;

第二,是用于融资的必备材料,因为商业计划书是让投资人了解企业价值与前景的重要工具。

商业计划书的制定,是对创业命运有着巨大影响的重要环节,因此必须在全面思考与样本实践的基础上,高质量完成商业计划书。其核心框架如下:

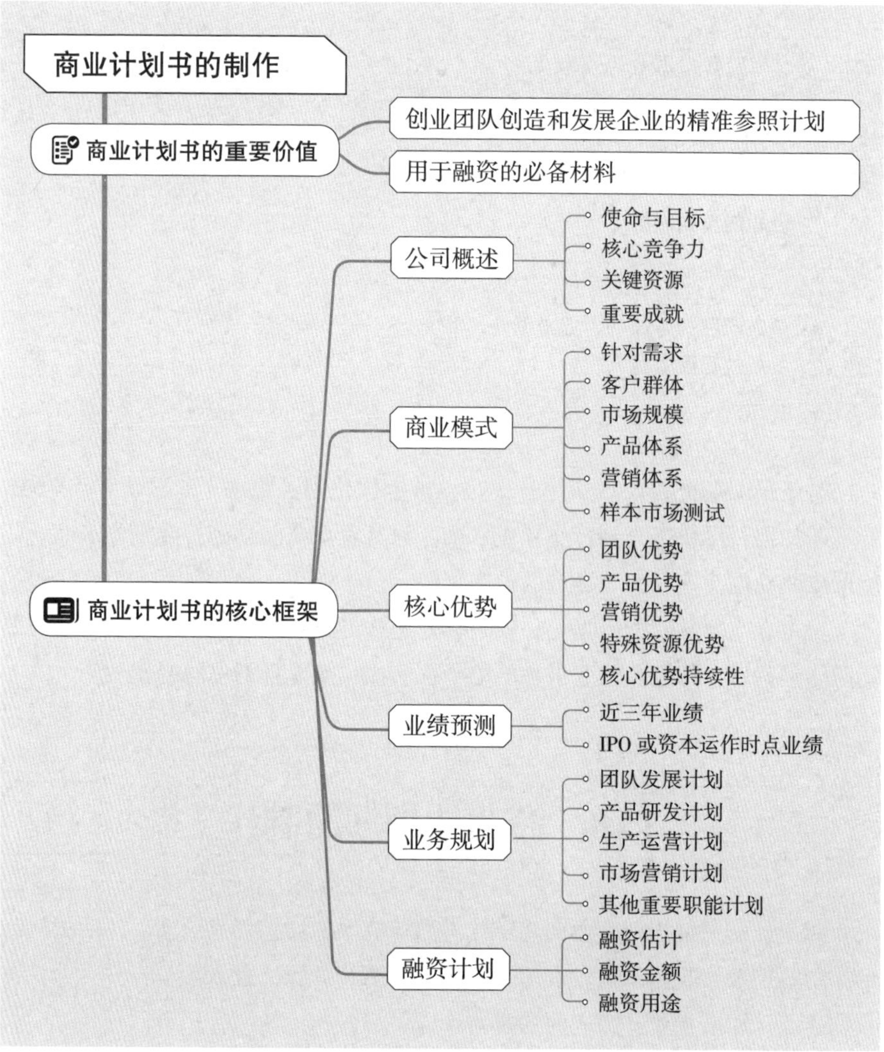

当商业计划书制定之后，创业进程将进入第十四与第十五阶段同步推进的状态，即创业项目融资与创业完备职能团队组建，这两项任务可同步进行。

13.9 创业项目融资

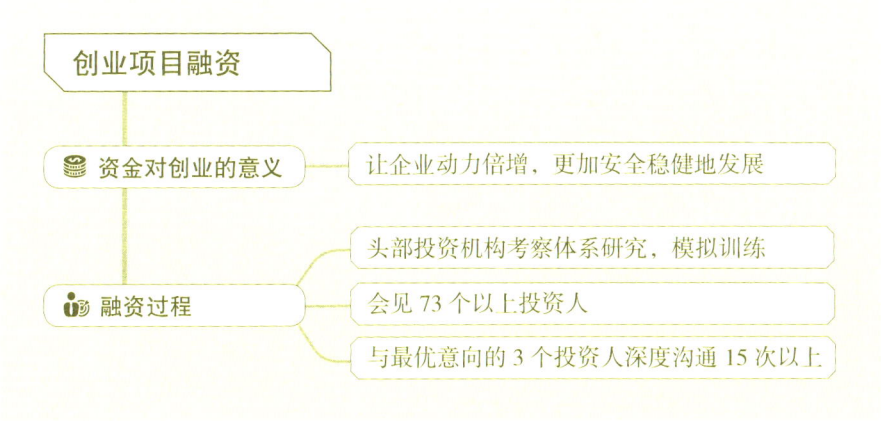

资金对于创业的意义众所周知。在创业初期,适量资金的注入,可以让企业动力倍增,更加安全稳健地发展。但融资是一个复杂而玄妙的过程,投资人对团队和创业项目至少要考察数十项显性和隐性指标。统计数据揭示:在正常情况下,对于一个确有潜力的创业项目,其创始人平均要会见 73 个以上投资人,并且要与最有意向的 3 个投资人深度沟通 15 次以上才可能拿到投资。融资不是一件容易的事,必须要按照特定的方案精心筹划与执行才可能成功。

各类基金和投资人的考察指标都大同小异。我们可以针对最严格、最挑剔的头部投资机构的考察体系,进行研究并适度模拟训练。创业团队按照高标准精心筹备之后,相信能更好优化与投资人沟通的效果,较大幅度提升融资成功概率。

与融资同步推进的重要任务是创业进程的第十五阶段:完备职能团队组建。

13.10 完备职能团队组建

所谓完备职能团队,是指具有完整企业六大职能部门的管理团队。在此之前的核心创业团队,人员都很精简,一般只有产品研发、市场营销等最核心职能的人员配置。尤其是股东级管理层，甚至一个人从 CEO 到保安工作身兼数职。

但到了这一阶段，企业即将进入全面运营状态，仅仅靠核心创业团队成员难以完成繁多任务。所以，核心创业团队必须及时升级为完备职能团队，只有确保六大职能部门都配置能力合格并且数量足够的人力资源，才能让企业平稳启航，驶入正轨。

当完备职能团队组建完成之后，创业将进入第十六阶段，也就是按照商业计划书投入资源，创业项目启动实施阶段。

13.11　创业项目启动实施

到达这一阶段之后，企业将全面启动生命循环，各项职能和外部资源都将在商界拼搏中融合绽放，淋漓挥洒。创业团队将从此开始肝胆相照，风雨同舟，在追逐梦想的征途上，真正体会跌宕起伏，荣辱交织的创业人生。

总之，创业是一个融合科学艺术、欢喜悲忧的复杂工程，也是一段热血战士倾力进化为传奇英雄的光辉历程。立志创业的同学们，应该通过对创业十六大关键阶段的深度认知，洞悉规则、锤炼能力、整合资源，凭借科学贯穿激情的精神与原理，踏平坎坷，突破极限，一步步实现绚丽闪耀的创业梦想。

第 14 章 留学专项准备

留学的全项准备相对比较复杂，准备周期长。需要早早地设立好目标，然后根据各院校的综合排名、专业方向、招生要求、地理位置、地域文化等标准来判断。虽然各个学校招生流程不尽相同，但是申请人可以按照顶级院校的标准制订一套完备申请方案，然后在此基础上针对不同院校的招生标准进行针对性调整，多投递，多尝试，机会才会更多。Offer总是留给有准备的人，海外院校的申请也是如此。

14.1 留学相关政策

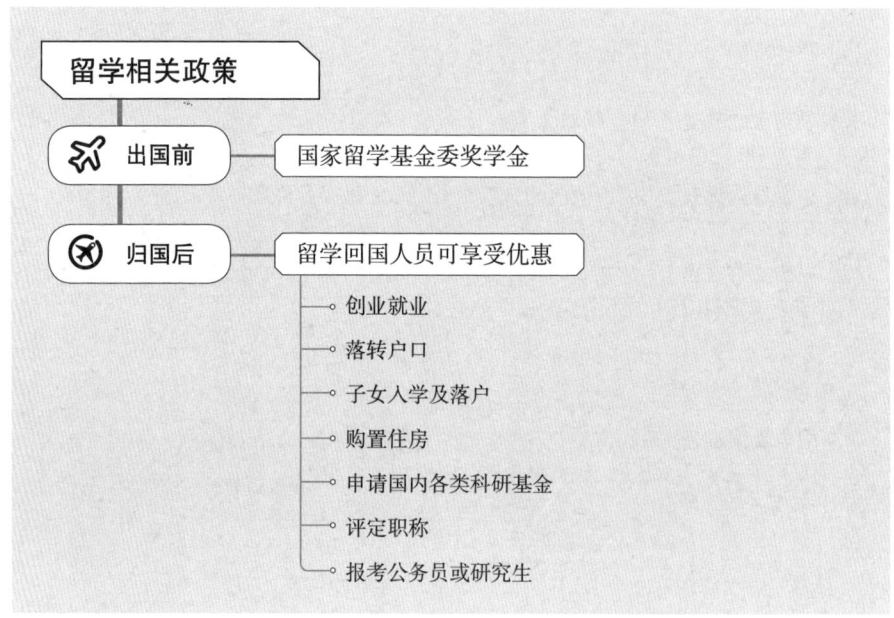

我国对于普通高校学生到国际组织实习，以及在国（境）外正规高等院校和科研机构学习、学术访问，并且连续在外居住六个月以上的回国工作的留学人员都有相应的补助，即留学生出国前和回国后都可以申请补助，主要包括以下两个方面：

1. 国家留学基金委奖学金

国内普通高校或科研机构的应届毕业生赴海外留学之前可以申请国家留学基金委奖学金，资助范围包括伙食费、住宿费、交通费、电话费、医疗保险费等，期限为 3~48 个月不等。需要注意的是，申请此类奖学金，申请的学校必须在合作名单之中，毕业后必须立即履行回国工作两年的义务。

2. 留学回国人员可享受优惠

留学人员回国发展，需要到大使馆教育处或总领馆办理留学回国人员证明，可以享受购车免税政策。同时，在创业就业、落转户口、子女入学及落户、购置住房、申请国内各类科研基金、评定职称、报考公务员或研究生等方面都能够享受各种优惠政策或提供的便利条件。

14.2 院校选择

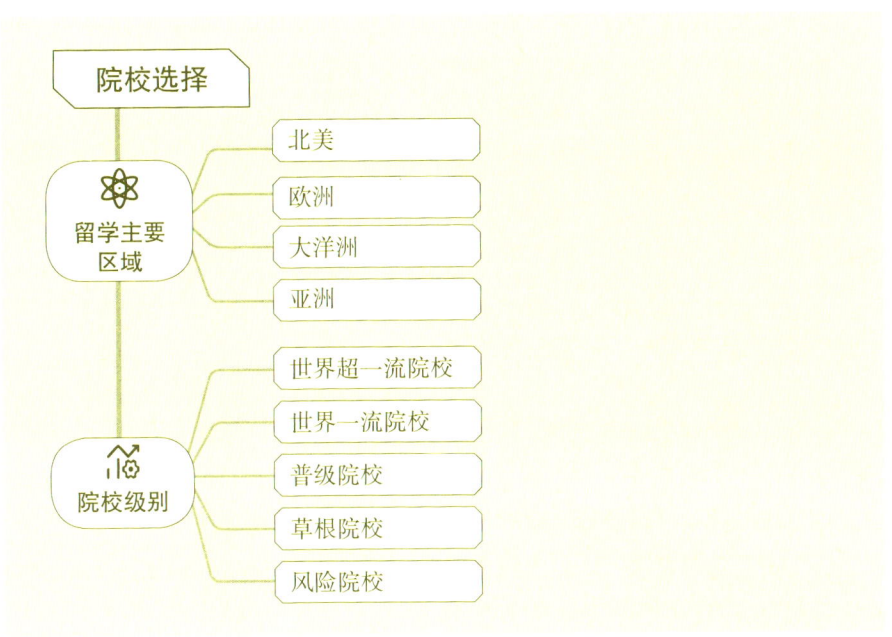

根据地理区位，我国留学生主要分布于四大区域，即北美洲（美国与加拿大）、欧洲、大洋洲（澳大利亚、新西兰）、亚洲（日本、韩国、新加坡等）。当然，国（境）外的院校综合实力悬殊，大致可以分为以下几个级别。

14.2.1 第一级：世界超一流院校

具有世界顶级的综合实力，学校主要院系的学术负责人很多都是诺贝尔奖获得者，有很多校友是世界知名政要、世界五百强企业的顶级合伙人、独角兽或准独角兽企业创始人。校园内汇集了全世界的读书天才和学术精英。进入此类院校，获得的学术、科研及人脉资源都具有极高的价值。当然，这一级别的院校申请难度大，获取奖学金的难度极大。

代表院校：哈佛大学、普林斯顿大学、麻省理工学院、斯坦福大学、耶鲁大学、剑桥大学、牛津大学等。

14.2.2 第二级：世界一流院校

综合实力普遍在985、211院校之上，校友中也有众多知名科研专家、学者，商界、政界精英。多数院系都有优秀的科研和学术实力，甚至部分专业与超一流院校实力相当。在这些院校也能接触到非常好的学术和科研资源，而且竞争没有超一流院校那么激烈，奖学金也相对更好申请。

代表院校：纽约大学、佛罗里达大学、芝加哥大学、哥伦比亚大学、加利福尼亚大学等。

14.2.3 第三级：普通院校

综合实力相当于国内一本院校平均水平。这一级别的院校有较强的科研能力及学术水平，有些专业排名在前25名以内，如果能申请到奖学金，且有强烈留学意愿的同学可以选择普通学校就读。但有一点要特别注意，普通院校的学位不一定会被教育部所认可，在申请学校前一定要在教育部涉外监管信息网查询清楚，该院校的学位是否能够在国内认证。

14.2.4 第四级：草根院校

综合实力相当于国内二本、三本院校。此类院校的学历学位大多数只在当地有效，教育部不予认证。而且此类学校由于难以获得政府的补助或者校友的资助，需要靠学费维持正常运转，新生入学不仅要缴学费，还要缴高昂的赞助费。相比而言，通过考研进入国内一本院校就读硕士是更好的选择。

14.2.5 第五级：风险院校

这一级别的院校综合实力低于三本院校。其办学以营利为目的，通常会起一个很好听的校名以混淆视听。此类院校学位证书不被认可，但是学费却顶天高，因此一定要坚决避开此类学校。

由此可知，申请国（境）外的院校，最好瞄准世界超一流院校。虽然竞争极为激烈，但是值得一搏。即使不成功也可退而求其次，申请非顶级的一流院校，用为超一流院校准备的材料进行申请，成功率会大大增加。

14.3 语言考试准备

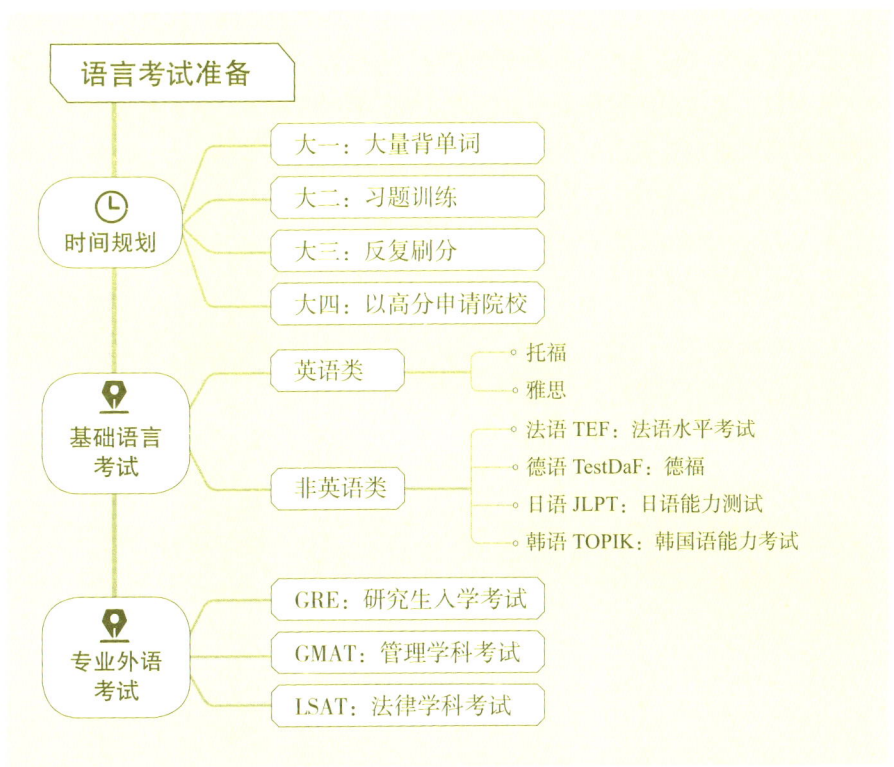

优秀语言能力是出国留学的先决条件，语言水平考试的准备越早越好，这样既能够留出足够时间"提高成绩"，同时也有利于提升大学外语课程的成绩。

比较理想的方案是从大一开始大量背单词，大二期间进行习题的训练，大三期间反复考试刷分，大四上学期就能够以优良的成绩进入申请阶段。

参加外语考试类型也要根据目标院校的要求进行准备，欧美和大洋洲的院校要求的基础语言考试基本上是托福和雅思，部分母语非英语的国家也承认托福和雅思的成绩。也有部分院校需要其他语种的考试成绩，例如：部分法语区的院校需要申请人有 TEF（法语水平考试）的成绩，部分德国院校则要求申请人的 TestDaF（德福）分数达标，部分日本院校需要 JLPT（日语能力测试）的成绩达到 N1 或 N2，韩国则需要 TOPIK（韩国语能力考试）的成绩达到 5 级以上。

除了基本的外语水平考试外，一些世界排名靠前的院校还需要学术类外语考试的成绩，如 GRE（美国研究生入学考试）、GMAT（美国管理学研究生入学考试）、LSAT（美国法学院入学考试）等。此类考试是用外语考察专业知识，不但需要的单词量大，而且必背词汇中有很多专业名词，比基础语言考试难度要大得多。不过学术外语考试有效期普遍更长，因此很多同学在准备语言考试的时候，先按照学术外语考试的难度进行高强度准备，学术类外语考试取得高分以后，基本外语水平考试的备考就相对轻松。

14.4　综合背景提升

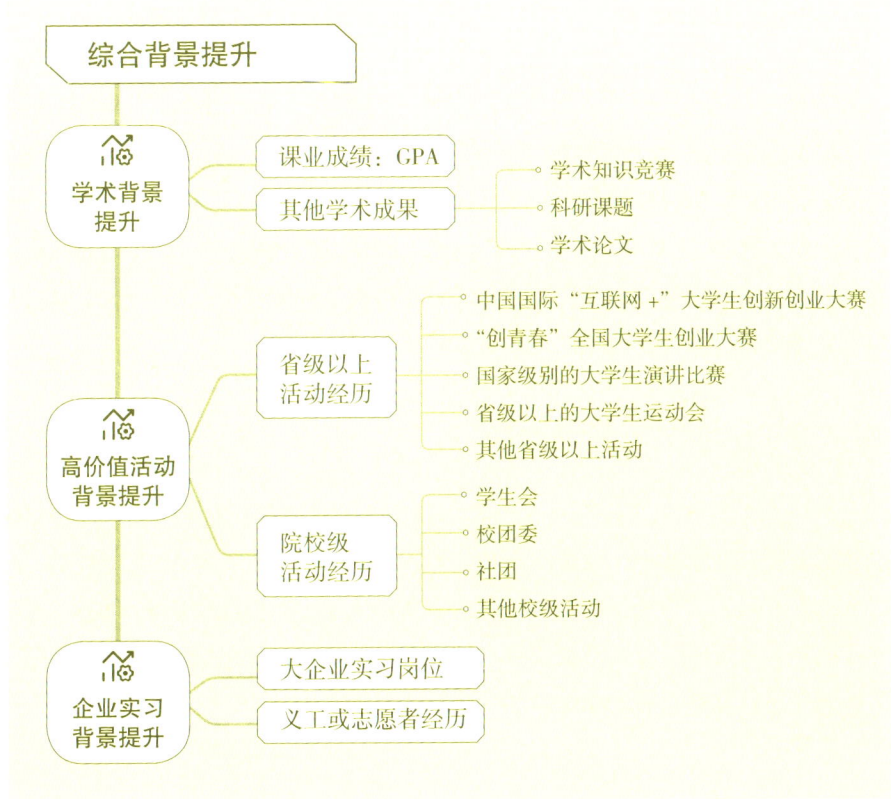

14.4.1　学术背景提升

国（境）外院校对于学生学术背景的考察是多方面的，与高考和考研的录取规则大不相同。语言考试只是准入门槛，分数越高越好，但是再高的分数也不能确保你一定能够顺利入学。课业成绩也是重要的指标之一，超一流院校最低要求 GPA（平均学分绩点）3.5 以上。通俗一点来讲，就是各门课程的加权平均分达到 85 分。而实际情况是，申请者的 GPA 基本上能达到 4.0，换言之，超一流名校的申请者基本都是平均成绩高达 90 分的"学霸"。

可以说学科成绩是体现学术实力的"硬指标"。还有一些可以体现"软实力"的加分项，如参加过的学术知识竞赛、在科研小组做过的课题、写过的学术论文、甚至获得过的大大小小的奖项，都可以体现在申请材料中。需要注意的是，在申请文书中陈述自己学术经历的时候一定注意"过程重于结果"的原则，因为招生官是通过申请人对于过程的描述来判断学术经历的真实性，材料的书写水平也能直接反映申请人的语言能力。

14.4.2 高价值活动背景提升

排名靠前的院校，更加看重申请人的综合能力。因此，大学期间的非学术类的高价值活动经历也应该体现在申请材料中。如中国"互联网+"大学生创新创业大赛、"创青春"全国大学生创业大赛、国家级别的大学生演讲比赛、省级以上的大学生运动会等。除此以外，学生会、校团委、社团等经历也可以写入申请材料，同样要遵循"过程重于结果"的原则。

14.4.3 企业实习背景提升

现今，世界各国高校都更加看重应用型人才的培养，因此企业实习背景也非常重要。通常来讲，大企业和功能性很强的实习职位，对于申请者的背景提升十分有利，因为越优质的实习岗位竞争越激烈，越能说明申请人的素质优秀。此外，义工或者志愿者经历也是很好的实习背景，如果能够获得官方颁发的证明文件就更好，因为在很多国外院校的招生官眼中，参加过慈善公益活动的人通常具备强大的人文主义关怀精神，更有培养的价值。

14.5 申请文书准备

申请文书的准备工作通常是在大三进行，申请过程中需要不断优化。通常越好的院校需要的申请材料越多，要求的质量越高。大多数优质院校都需要以下几类申请材料。

14.5.1 简历（CV）

入校和奖学金的申请，必须要有一份高质量简历。申请学校的简历和求职简历不尽相同，目的是让对方清晰地了解申请者的全面状况，应力求准确反映

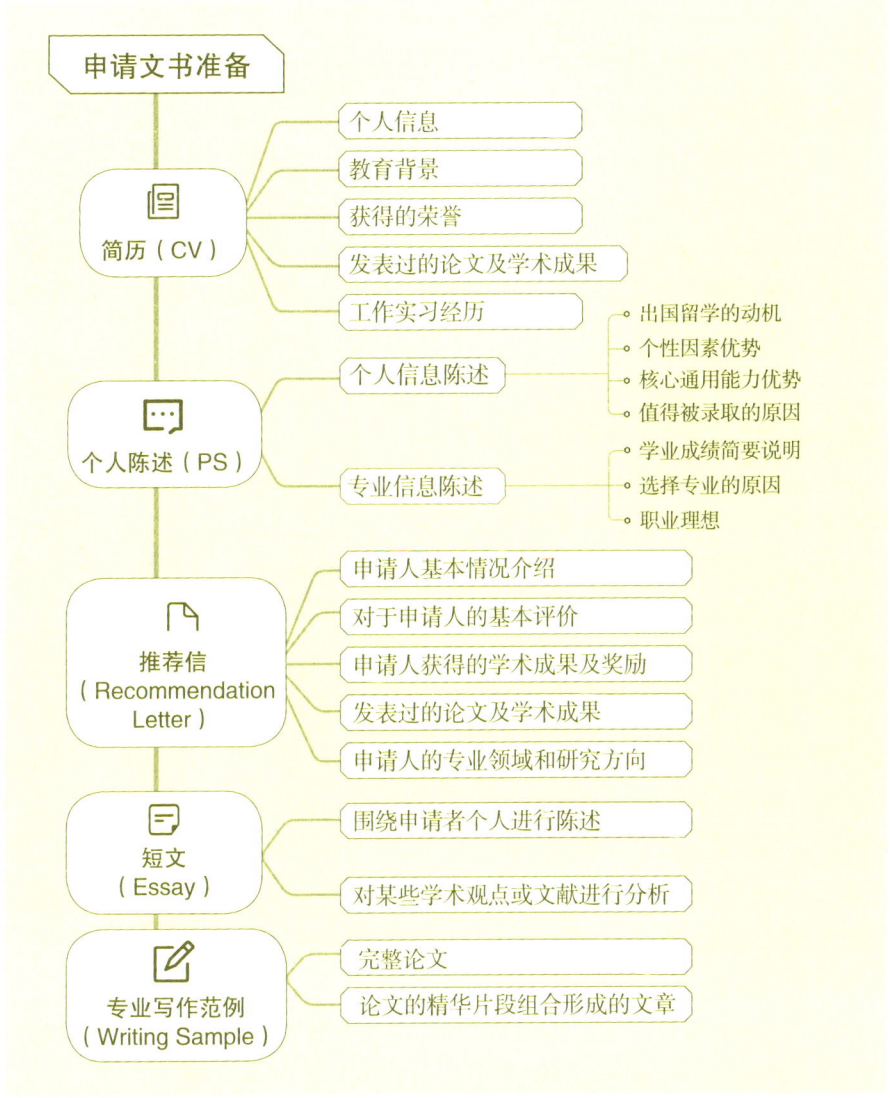

申请者的个人信息、教育背景、获得的荣誉、发表过的论文及学术成果、工作实习经历。需要注意的是，简历上体现的教育经历、学术成果、实习工作经历一定要与自己申请的专业方向一致，并且能够通过具体的数字体现这些经历和成果的真实性。

14.5.2 个人陈述（PS）

个人陈述不是个人简历的详细版本。如果说个人简历要以整齐的格式、书面化的语言来准确反映申请者的综合素质和各项经历，那么个人阐述就应该用优美的语言、层次分明的逻辑来展现申请人的才华与特质，目的是要能够抓住招生官的眼球。

个人陈述要包含自己的综合背景、求学目的、专业兴趣及专业能力、未来研究方向、职业发展规划等信息。关于个人信息的陈述，以下几个关键点一定要阐述清楚。

（1）出国留学的动机：可以从自身对于海外学习的向往、家庭背景等方向入手，关键是要把求学的目的有逻辑地与专业结合起来。

（2）申请者的个性因素有哪些优势：要把性格中的优点写出来，也要阐述这些优点为什么能够让你更好地完成学业。

（3）核心通用能力方面的优势：即语言能力、人格魅力、执行能力、领导能力强于你的同龄人，最好能举出真实事例。

（4）简述"为什么你是一个更值得被录取的申请者"：要有理有据，结合自身优势，可以适当描述自己努力学习的过程。

关于专业信息的陈述，要做到以下几点：

（1）对于自己的学业成绩进行简要说明：GPA 在 3.5 分以上可以阐述自己是怎样学好学科知识的；GPA 低于 3.5 则阐述自己"逆袭"过程，即一开始成绩一般，但是后期通过自身努力取得了进步。

（2）为什么选择这个专业：即你对于这个专业感兴趣的原因是什么，学到了什么，获得了哪些能力的成长。如果申请的专业与本科专业不同，需要阐述你是怎样了解到这个新的专业的，可以是自己进行过调研，或者是有相关专业从业者进行推荐。

（3）职业理想是什么：即你学习这个专业的知识，将来要怎样学以致用，为社会创造价值，实现自己的职业目标，以及未来的职业规划。

个人陈述的写作原则用一句话来概括就是"学会讲故事"，打动了招生官，入校及获得奖学金的概率就会大大增加。

14.5.3　推荐信（Recommendation Letter）

通常学校会要求提供 2 封来自申请者所在院校的教授的推荐信。推荐信是申请文书中唯一的一个从第三者的角度对申请人学习成绩、学术科研能力、研究潜质和性格特点进行评价的材料。直接关系到申请人能否顺利入校，获得补助等。

高质量的推荐信需要包含以下信息：

（1）申请人基本情况介绍：与个人陈述不同，这里要从推荐人的角度阐述毕业时间、学校、所获学位以及个人的专业经历。

（2）推荐人对于申请人的基本评价：要体现专业基础、个性、特点、学习态度和在学术上的潜力。要对被推荐人进行客观而恰当地赞扬。

（3）申请人获得的学术成果及奖励：要从推荐人的视角对于申请人发表过的论文、参加过的重要学术会议、学术成果的价值进行阐述。最好简述客观事例来支持推荐人的论点。

（4）申请者的专业领域和研究方向：如果申请的专业与本科专业一致，可以着重突出阐述申请人专业能力以及应用领域的价值；如果申请的专业与本科专业不一致，则可以着重体现申请人优良的学习能力及学术精神。

因此，在建立的高价值人脉网络时，一定要有教授和副教授的人脉资源。

14.5.4　短文（Essay）

学校通常会要求申请者写一篇或多篇短文，即校方命题的小作文。

有的题目要求申请者围绕着自身特点对过去的成就、经历、挫折、技能、思想等进行总结以及对未来的规划。有的题目是让申请者对于某些学术观点或文献进行分析，这类题目则需要提出数据与实证来支持你的结论。

短文考查的重点是申请者的独立思辨能力，要做到观点鲜明，表达清晰，有理有据，避免千篇一律。如果院校要求申请者写多篇短文，则各篇之间要相辅相成，且语言风格要保持一致。

14.5.5　专业写作范例（Writing Sample）

部分文科院校要求申请者提交专业写作范例，它直接反映申请者的论文写作能力。

专业写作范例可以是申请者的一篇论文，也可以是一篇论文的几个精华片段组合成的文章，主要体现申请者的思维能力、学术能力和写作水平。如果在前述"学术背景提升"的步骤做得足够好，专业写作范例的书写就易如反掌，把曾经写过的较好的论文进行提炼、升级、优化即可。

14.6 网申面试准备

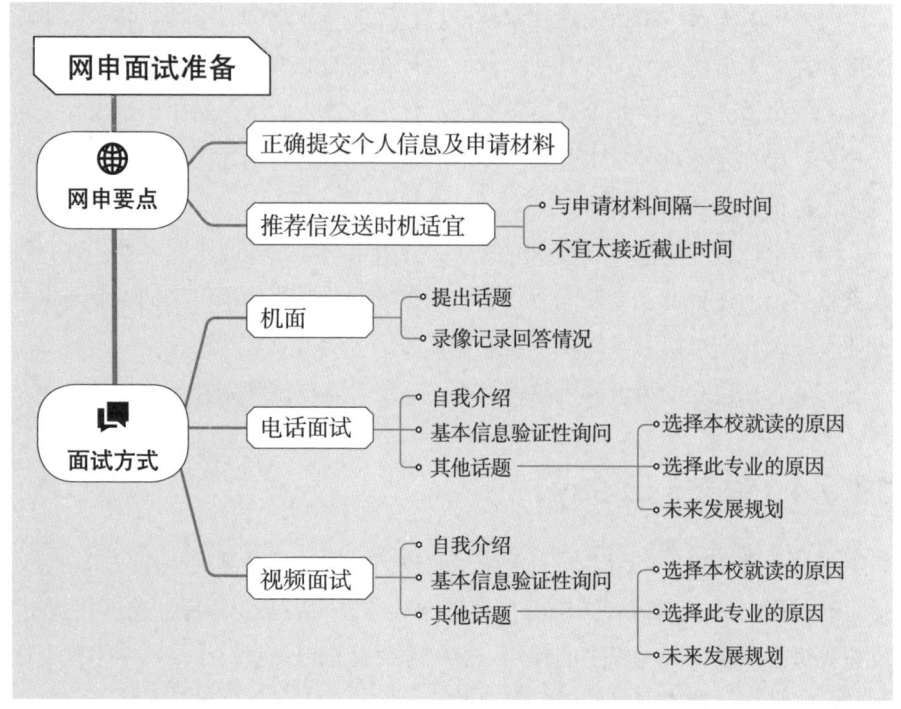

网申和面试在大三就可以提前准备,大四上学期进行实战。网申开放后,最好在第一时间根据院校要求提交个人信息、成绩单、申请文书等资料。需要注意的是,进行个人信息的填写时,一定要按护照上的姓名准确拼写,不能写个人使用的外语名。在个人网申材料提交完成以后,要让推荐人用自己的邮箱(邮箱ID最好能代表推荐人的身份)给院校的指定邮箱发送推荐信。发送推荐信一定要注意时机,要与网申资料的提交有一定的时间间隔,切忌网申材料提交完毕之后立即让推荐人发邮件,真实性会受到怀疑,也不要太过接近院校公示的截止日期,要有一定的提前量。

网申环节过后,面试官会邀约申请人进行面试。现在大多数院校都会采取远程面试方式,主要有以下几种:

14.6.1　机面

机面类似于考试,就是播放一段视频,呈现一些文字或者问题,给面试者一段时间进行准备,通过录像的形式来记录面试者的回答情况。机面往往提出的是话题类的问题,让面试根据一个话题表达自己的观点,在考察思维能力的同时,进一步考察口语表达能力。

14.6.2　电话面试

电话面试即招生官直接与申请人进行电话沟通,提问的方式更加灵活。招生官首先会要求申请人进行自我介绍,然后对简历和个人陈述里的信息进行验证性询问。接下来会问申请人选择本校就读的原因,为什么选择这个专业,未来发展规划等,只要在申请文书的部分准备充分,电话面试也能顺利通过。招生官在电话面试环节可以直接感受面试者的言谈表现,从而感知申请人的个人修养和整体素质。如果在这个环节中,自己的言谈给招生官留下了不好的印象,对于入校是极为不利的。

14.6.3　视频面试

视频面试即申请人与招生官通过特定的软件进行视频连线,话题与电话面试类似,而且招生官可以直观地看到申请人,因此视频面试时,着装、言行一定要慎重。如果申请的学校采用视频面试,一定要提前下载好视频软件,熟悉使用方法并找人进行连线测试,不要因为软件使用不熟练而错失面试机会。

14.7　补助申请

确保入校之后,就可以着手申请各种补助了。除了国家奖学金以外,还可以直接向就读院校申请补助。不同院校的补助类型不同,一般有以下几类:

(1)助教奖学金(TA):一般由院系出资,职责是帮助老师批改作业,给学生答疑,带学生做实验,金额较少,往往对语言能力要求也比较高。

(2)助研奖学金(RA):一般由教授出资,职责就是给教授作研究助手,

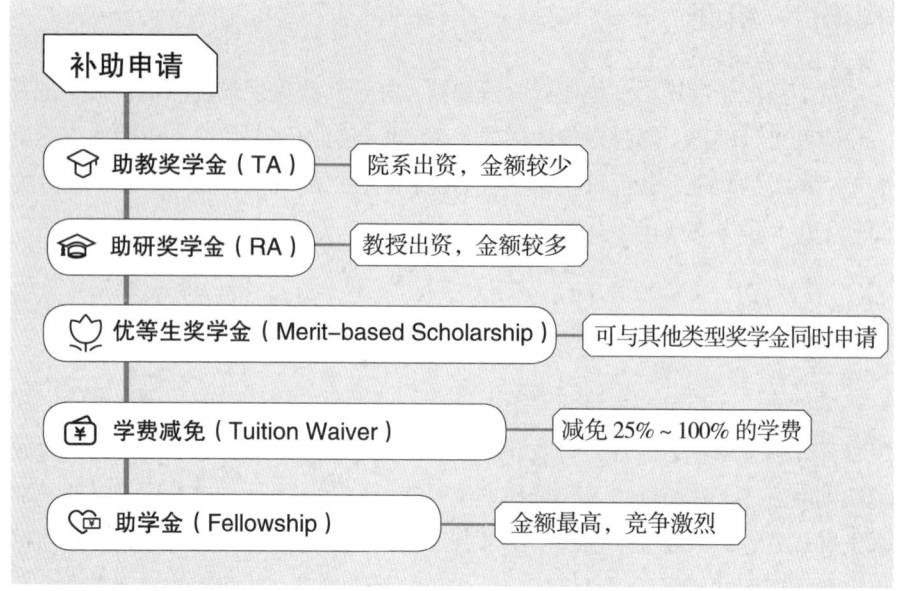

金额较多,可以覆盖生活费。

(3)优等生奖学金(Merit-based Scholarship):即针对学业成绩优秀的学生颁发的奖学金。此类奖学金可以和其他类型奖学金同时进行申请。

(4)学费减免(Tuition Waiver):减免25%~100%的学费,属于经济资助,不包含住宿费、书本费等其他费用。

(5)助学金(Fellowship):通常是全面赞助,由校友、组织或者公司捐献的资金,由学校或者政府部门专门设立的补助。相比学费减免,还包含了生活费、保险费及个人消费费用,金额最高,竞争也最为激烈。

留学补助的类型多样化,但是都需要自己保持优秀的学术和科研记录,同时提升自己的语言能力。另一方面,还要在申请学校过程中主动寻找教授"套词",争取奖学金机会。需要注意的是,如果得到了国际组织的全额赞助,则无法再申请国家奖学金。

14.8 签证申请

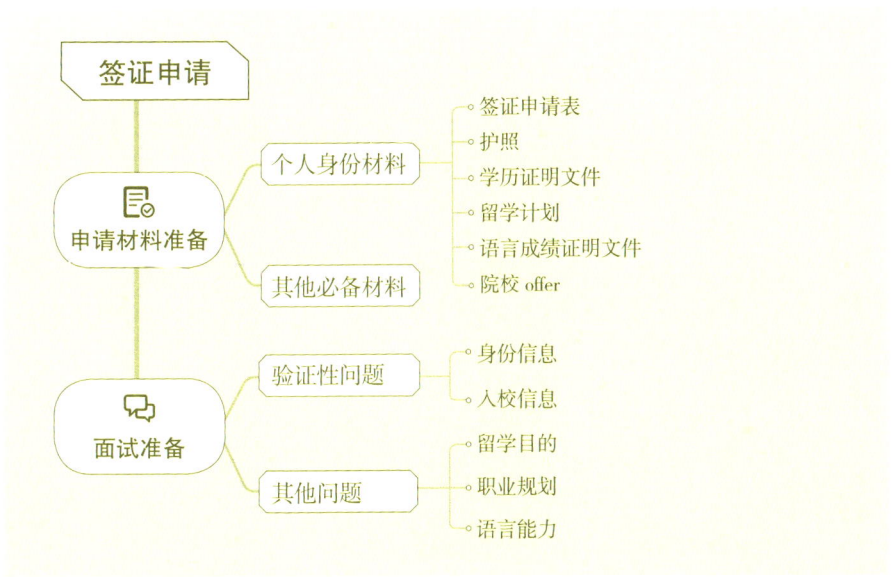

签证是留学的最后一关,各个国家和地区的签证制度有所不同,但基本包含以下步骤:

14.8.1 申请材料准备

申请材料包括个人身份材料,即签证申请表、护照、学历证明文件、留学计划、语言成绩证明文件、院校 offer,以及其他必备文件(例如美国的 I20 或 DS2019 表等),部分国家或地区要求留学生提交财产证明或无犯罪证明。

需要注意的是,留学计划的撰写要包括个人学术经历和毕业后的职业发展规划。最重要的一点是,不论真实的想法如何,留学计划里一定要表明"毕业后会回国发展",否则有可能会被签证官以"有移民倾向"为理由而拒签。

14.8.2 面试准备

签证面试同样是以验证性问答为主,主要是对申请人的身份信息、入校信息进行核实。通常也会通过一些问题试探申请人的留学目的、职业规划、语言能力。同样，面试时也要表明"毕业后会回国发展"，不要表露出"有移民倾向"。

由于国（境）外院校 offer 的发放通常是在 2—5 月份，如果能够按照上述步骤进行充分准备，这段时间基本上可以拿到 5～10 所院校的 offer 以供择优取之。因此，只要依照完备申请方案进行筹备，大四的下学期就可以成为你的"offer 收割季"。

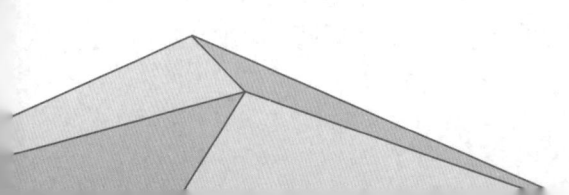

郑重声明

高等教育出版社依法对本书享有专有出版权。任何未经许可的复制、销售行为均违反《中华人民共和国著作权法》，其行为人将承担相应的民事责任和行政责任；构成犯罪的，将被依法追究刑事责任。为了维护市场秩序，保护读者的合法权益，避免读者误用盗版书造成不良后果，我社将配合行政执法部门和司法机关对违法犯罪的单位和个人进行严厉打击。社会各界人士如发现上述侵权行为，希望及时举报，本社将奖励举报有功人员。

反盗版举报电话　（010）58581999　58582371　58582488
反盗版举报传真　（010）82086060
反盗版举报邮箱　dd@hep.com.cn
通信地址　北京市西城区德外大街4号　高等教育出版社法律事务与版权管理部
邮政编码　100120

防伪查询说明

用户购书后刮开封底防伪涂层，利用手机微信等软件扫描二维码，会跳转至防伪查询网页，获得所购图书详细信息。也可将防伪二维码下的20位密码按从左到右、从上到下的顺序发送短信至106695881280，免费查询所购图书真伪。

反盗版短信举报

编辑短信"JB、图书名称、出版社、购买地点"发送至10669588128

防伪客服电话

（010）58582300